MASTERS METHOD

長打力を高める極意

強く飛ばすプロの技術&投手・球種別の攻略法

立浪和義 著

廣済堂出版

長打力を高める極意

はじめに

２００５年５月19日、中日ドラゴンズが敵地・札幌ドームで行った北海道日本ハムファイターズ戦。私にとって忘れられないヒットを打つことができた。

金村曉《かねむらさとる》投手（元日本ハム、阪神タイガース）の外に逃げるチェンジアップをうまくミートして、三塁線を破った。これが、世界の盗塁王・福本豊さん（元阪急ブレーブス）の記録を上回る通算４５０本目の二塁打となった。

じつはプロ入り初ヒットもプロ野球人生最後のヒットも、偶然にも二塁打だった。なにかと二塁打に縁のある野球人生だったと思う。最終的に、引退までに積み重ねた二塁打は４８７本。日本のプロ野球界に、今も最多二塁打記録として残っている。

私は体が小さく（１７３センチ、70キロ）、現役時代はホームランを多く打つようなパワーヒッターではなかった。ただ、「長打」という意味合いで考えると、二塁打は誰よりも打ってきたという自負はある。野球の華《はな》はホームランだが、誰もがホームランバッターになれるわけではない。恵まれた体と身体能力、そして努力があってこそ、１シーズンで40本を超えるようなホームランを打てるようになるのだ。

本書は、昨年出版させていただいた『攻撃的守備の極意』（廣済堂出版刊）に続く、野球の「極意」について解説した書籍の第2弾となる。この前著は、私にとって守備に関する初めての本で、ファンの方に受け入れてもらえるだろうかという不安があったが、おかげさまでご好評をいただいた。守備の名手・宮本慎也選手（元東京ヤクルトスワローズ）にも対談という形で協力をしてもらい、お互いの守備論をぶつけあった。

第1弾のテーマが守備であれば、第2弾はバッティング。それも、長打にスポットを当てた。私自身、これまでバッティングに関する書籍やDVDを出してはいるが、長打を深く追求したものは今回が初めてとなる。

野球の試合の中で、長打というのは最も盛り上がるシーンの1つだ。本塁打はもちろん、二塁打や三塁打が出れば、試合が大きく動く。ランナーなしからであればチャンスとなり、ランナーがいる状態ならば、かなりの確率で得点に結びつく。それが緊迫した場面での一打となれば、なおさら効果的だ。プロならば、単打より長打のほうが多くの打点に結びつく可能性が高く、ファンの印象に深く残り、年俸などにも跳ね返るかもしれない。草野球や少年野球、中高生などのアマチュアプレーヤーでも、普通のヒットより二塁打、三塁打、そして本塁打のほうが本人もうれしいだろうし、まわりからもヒーロー扱いされる。それくらい、長打は魅力的なものと言える。

小さな体の私がなぜ、外野のあいだや頭上を抜く強い打球を放って、二塁打記録を樹立することができたのか。本書では、長い野球人生の中で培《つちか》ってきた理論や考えを、野球ファンのみなさんに伝えていきたいと思う。

まず、第1章では「長打力」を高めるための基本的な理論を紹介している。ベースとなる打撃理論とともに、私の考える長打につながるためのポイントをいくつか紹介していく。

私が打席の中で常に心がけていたのは、「センター返し」「強く振る」「ボールをよく見る」の3点。少年野球の子どもたちでも、一度は言われたことがあるだろう。長打についての本なのに、なぜ、この3点なのか、このあたりはぜひ本編に目を通してほしい。

さらに第2章以降では、より実戦を意識した長打力アップの応用技術、球界を代表する強打者たちが長打を打てる理由、私自身が一流投手たちや打つのに苦労した球種に立ち向かって見いだした攻略法、どんなシチュエーションでも勝負強さを発揮するための打撃術、草野球で飛距離を少しでも伸ばす方法など、様々な視点から長打について語らせてもらった。

また、今回も一線で活躍する選手との対談を企画し、打撃や長打をテーマに語り合いたいと考えた。協力してくれたのは、15年から打撃コーチ兼任となった、読売ジャイアンツの高橋由伸《よしのぶ》選手だ。入団してきたときから彼には、「いいバッターが入ってきたな」と技術力の高さに驚かされたものだ。ケガに悩まされた時期もあるが、14年までに通算316

本ものホームランを放っている。私とは違い、正真正銘《しょうしんしょうめい》のホームランバッターだ。

これまで、グラウンドで雑談を交わしたり、共通の知人を介して何度か食事に行ったことはあったが、打撃について真剣に語り合ったのは今回が初めて。強いチームの核として長期にわたって活躍している彼の打撃理論は、私も納得させられることが多かった。

面白かったのが、「苦戦したピッチャーの球種」の話題。同じピッチャーの同じ球種が挙がったのだ。それは、誰のどの球種だったのか。対談コーナーを楽しみにしてほしい。

本書を通して、グラウンドでプレーする選手への見方が少しでも深くなることを願う。また、プロアマ問わず、現役のプレーヤーが本書によって長打力が少しでも向上したならば、これ以上の喜びはない。草野球に熱中し、長打に憧れている方々にも、「なるほど、こうすれば飛距離が伸びるのか」と思ってもらえるような技術的なポイントも解説しているので、文章に沿って、実際に手足や体を動かしながら読んでいただけるとわかりやすいと思う。

なお、前著同様に、すでに引退している元選手、元投手についても、エピソードの多くは現役時代のものであることから、「選手」「投手」という表記にさせていただいていることをご了承願いたい。

立浪和義

長打力を高める極意　目次

立浪和義×高橋由伸　特別対談　前編

立浪和義×高橋由伸　特別対談　中編

第4章 「好投手・球種別」攻略の秘策

立浪和義×高橋由伸　特別対談　後編

第1章

「立浪流」長打力を高める極意

二塁打で始まり、二塁打で終わったプロ野球人生

ＰＬ学園高校で片岡篤史《あつし》（元日本ハムファイターズ、阪神タイガース）や橋本清（元読売ジャイアンツ、福岡ダイエーホークス）、野村弘樹（元横浜大洋ホエールズ、横浜ベイスターズ）らとともに甲子園春夏連覇を達成し、ドラフト会議で中日ドラゴンズと南海ホークスから1位指名をいただいたのが１９８７年11月18日のこと。抽選の結果、星野仙一監督が当たりクジを引き当て、中日への入団が決まった。

背番号は、高卒でありながら1ケタの「３」。背中の番号に恥じぬようにと必死に練習し、様々な人にも支えられ、22年もの現役生活を送ることができた。

一軍での出場は２５８６試合。改めて記録を見て驚いたが、打席に立った回数はじつに１００３３回。仮に1打席の中でピッチャーと4球対峙《たいじ》したとして、およそ４００００球ものボールと戦ってきたことになる。長いプロ野球の歴史で、１００００打席を超えた選手はわずか9人しかいない。1位の野村克也さん（元南海など／１１９７０打席）、2位の王貞治さん（元巨人、現福岡ソフトバンクホークス球団取締役会長／１１８６６打席）をはじめとして、偉大な超一流バッターが並ぶ。幸運なことに、私もその末席に名をつら

ねることができたのだ。

通算ホームランは171本。最もホームランを打ったシーズンが93年と2002年の16本。この数字からわかるように、私はホームランバッターではない。そもそも「立浪＝ホームランバッター」と記憶している人はほぼいないだろう。

ただ、プロ野球記録となる通算487二塁打という、誇れる数字を残すことはできた。やはり、1人の野球人として、記憶だけでなく記録にも残る選手になれたというのはうれしく思う。

読者のみなさんは、長打というとまずホームランをイメージするかもしれないが、もちろんホームランだけが長打ではない。二塁打も三塁打も立派な長打。ゆっくりと走ることができるホームランと違って、二塁打、三塁打は全力疾走《しっそう》が必要なときがある。ファンからの歓声を受けながら、二塁ベースに滑り込んだときは、なんとも言えない気持ち良さがあった。

また、ピッチャーによっては、「ホームランを打たれたほうが、ランナーがいなくなるので気持ちを切り替えられる」という声も聞く。タイムリー二塁打の場合は得点が入ったうえに、なおもチャンスが続く。守備側にとっては、気持ちをリセットする時間がないわけだ。

思い返してみれば、プロ入り1年目、88年4月8日にナゴヤ球場で行われた横浜大洋との開幕戦。第3打席で欠端光則《かけはたみつのり》さんから打ったプロ初ヒットは、ライト線への二塁打だった。

当時の映像を見ると、無我夢中で走っているのがよくわかる。そして、二塁にはヘッドスライディング。年をとってからでは考えられないことだ。まだ高校を卒業したばかりの18歳。毎日が必死で、とにかくがむしゃらにプレーしていた。

そして21年後に迎えた09年9月30日、ナゴヤドームでの本拠地最終戦。レギュラーシーズンにおけるホームでの私のラストゲームであり、相手は長年のライバル巨人。開幕前から引退を公言し、これまで以上にたくさんのお客さんの声援をいただいてプレーをすることができた年だったが、この日はチームのはからいもあり、シーズン初のスタメン出場。4打数3安打と、なんとかベンチの期待にこたえることができた。最後の3安打目は、右中間を破る二塁打だった。

お世話になった本拠地での最後の打席。頭にあったことは、ただ1つ。

「最後だから悔いのないように、思いきり振ろう」

配球などなにも考えず、ただストレートを強く叩くことだけ考えて振り抜いた当たりだった。私は二塁ベース上で、なにか不思議な思いをいだいていた。

「これは、野球の神様がくれたご褒美《ほうび》かな」

173センチ70キロと、決して大きくはない体。いや、強者《つわもの》ぞろいのプロ野球の世界に

2009年9月30日、ナゴヤドームでのレギュラーシーズン最終打席も二塁打だった著者。

入れば「小さい」部類に入る。外国人選手の体と比べれば、大人と子ども。その体で打った通算487本の二塁打。そして、二塁打で始まり、二塁打で終わった私の野球人生。ホームランは少なかったが、節目、節目で長打が生まれていた。じつは、初のサヨナラヒットもプロ入り3年目、90年7月22日のヤクルトスワローズ戦で、加藤博人《ひろと》投手から打ったライトオーバーの二塁打だった。

小さい体でも長打を放つことができた理由

10割打者が存在しないように、すべてのボールをヒットにする「絶対的な」打ち方はない。それは野球を見ている人なら誰もが知っていることだろう。しかし、長く野球を続けていく中で、確率を高め、長打にもつながるバッティング理論を確立することはできたと感じている。

「どうすれば、バットを強く振れるのか」
「どうすれば、あのピッチャーのウイニングショットを打つことができるのか」
「どうすれば、体の開きを抑えられるか」

日々、試行錯誤しながら、自分自身のバッティングを作り上げていった。

体が小さいことへの劣等感みたいなものは一切持っていなかった。しっかりととらえたときは、大きな人には負けないぐらいの飛距離が出ていたからだ。

ただ、体が小さくてパワーがない分、少しでもヘッドが下がったり、差し込まれたりすると、ボールは飛ばなかった。ごまかしがきかなかったのだ。ある意味では、それが良かったのだとも思う。ごまかしがきかない分、理想のバッティングを追い求め続けることに集中できたからだ。

バッティングというのは本当に難しい。「つかんだ！」「これで打てる！」と確信めいた感触を得たはずが、翌日には「あれ？ おかしいな」「きのうはこの形でいい当たりが飛んだのに」などと思うことが多々あった。それも1打席の結果、いや1球の空振りなどで、感覚がずれていく。だから、「3割打てば一流」と言われる世界なのだろう。10打席のうち7割が凡打になっても、一流のバッター。いかに難しいものかがわかる。

現役時代も、解説者となった今も、様々なバットマンの打ち方を見て、実際に話も聞いている。その中で改めて感じるのは、バッティングの考え方は十人《じゅうにん》十《と》色《いろ》、千《せん》差《さ》万別《ばんべつ》ということだ。「引きつけて打ったほうがいい」と考える人もいれば、「前で打ったほうがいい」という選手もいる。イチロー選手（ニューヨーク・ヤンキースなど）と松井秀喜選手（元巨人、ニューヨーク・ヤンキースなど）では、同じメジャーで実績を残した選手でありながらタイプが違うことは、誰が見てもわかるだろう。体格や筋力も違うのだから、フォームやスイングなども違って当たり前。

それでも、根っこの部分には、鉄則のようなものがいくつかあるので、紹介していきたい。

バッティングの基本「センター返し」の意識が長打につながる

バッターボックスで、私が考えていたことは非常にシンプルだった。ランナーの状況やストライクカウントによって、考え方は多少変わることはあるが、頭の中にあったのはこの3つだ。

「センター返し！」

「強く振る！」

「ボールをよく見る！」

当たり前のことだと思われるかもしれないが、これこそがバッティングの基本であると同時に、長打の源《みなもと》にもなる。基本をおろそかにしていては、長打は打てない。

まずは、センター返しだ。

バッティングにおいて、絶対に避けたいことが2つある。それは、「ステップが広くなる」

ことと「体が開いてしまう」こと。このあたりは、より実戦につながる第2章で詳しく解説しているが、バッターの頭の中には「引っ張って、強い打球を打ちたい」という考えが存在している。それは、引っ張ったほうがバットの遠心力や加速を使え、ボールが飛んでいくこと、また強く速い打球を打てることを経験として知っているからだ。

ただし、「引っ張ろう」と思いすぎると、体の開きが生まれてしまう。わかりやすく言えば、ステップした前足の着地と同時に、体の前面がピッチャー方向を向く状態だ。

こうなると強いスイングはできないうえに、アウトコース、とくに沈んだり逃げたりするような変化球はまったく対応できなくなる。

インコースは打ちやすくなるかもしれないが、いい当たりをしたとしても、右打者ならレフト線へのファウルになるのが目に見えている。

バッターもピッチャーも、ユニフォームの胸のロゴを早く相手に見せてしまった時点で勝負あり。敗色濃厚と言っていい。私の場合であれば、アルファベットの「DRAGONS」が、早くピッチャーに向かないこと。左打ちの私は三塁ベンチにマークを向けたまま体重移動を行い、バットを振り出す。もちろん、最終的にはピッチャー側に向くわけだが、そのタイミングが早くなりすぎないように心がけていた。

ピッチャーも胸のロゴが早く見えてしまうと、待ち受けるバッターのほうには安心感が生まれる。ボールの出どころが見やすくなり、必然的にタイミングもとりやすくなるのだ。

この開きを抑えるために、バッターは様々なことを試している。そこで、私がたどりついたシンプルな答えが、「センター返し」だった。

具体的に言えば、ピッチャーの足元を強い打球で狙うイメージだ。この意識の中で、タイミングが早くなれば、ライト方向に、やや遅くなればレフト方向に打球が飛ぶイメージで打っていた。最初から「ライトに引っ張ろう」なんて思っていると、左対左の外に逃げるスライダーなどはお手上げ状態となる。

センター返しが大事であることは、プロでも少年野球でも草野球でも一緒だ。だからといって、方向だけを気にした手打ちではいけない。しっかりとしたスイングでセンター返しを徹底し続けた先に、長打が生まれることを忘れないでほしい。

また、ホームベースを扇《おうぎ》の要《かなめ》とした90度の角度のフェアゾーンの中で、ヒットになるエリアがいちばん広いのがセンター周辺だとも言われている。

とくに、セカンドとショートのあいだ、いわゆる二遊間だ。最近は、極端なポジショニングも増えているが、一般的には二塁ベース付近に内野手が守ることは少ない。ピッチャーの足元を強いゴロで抜けていけば、ヒットになりやすいのだ。

相手の守備隊形にとらわれず、「強く振る」ことがバッティングの原点

先ほどの手打ちの話と関連するが、俗に「当て逃げ」と呼ばれるバッティングがある。足の速い左バッターが、相手の守備位置を見たりしながら、外角球をちょこんと三遊間に当てて、内野安打をもぎとる打ち方だ。しっかりとバットを振るというよりは、一塁に走りながらトスバッティングをしているような感覚だ。俊足の左バッター独特の打法と言える。これも高度な技術の1つだが、私は好まなかった。誰に教えられたかはわからないが、小さいときから常に考えていたのは「強く振る」こと。体が小さかった私が、ボールを遠くに飛ばすにはどうしたらいいか。野球をやっていくうちに、自然と身についたことだ。

野球教室などで子どもたちのバッティングを見る機会があるが、体格の小さい選手ほど強く振ろうとしない。ボールを当てることばかり考えている。確かに、バットにボールが当たらなければ、長打どころかヒットにもならない。しかし、強いスイングができなければ、バットに当てられたとしてもボールが飛ばないのも事実。子どものころの空振りが、未来の二塁打、ホームランにつながっていくことだって、じゅうぶんに考えられるのだ。

体が小さいからといって、バッティングまで小さくなっていたとしたら、それはもった

いないこと。やはり、バッティングの醍醐《だいごみ》味は長打にある。体が小さければ小さいなりに、どうやったら長打を打てるかを考えてほしいと思う。

ただし、「強く振る」という意識は、ときには開きの早さにもつながりかねない。振ろう振ろうとして、体まで回してしまい、バットが出てこなくなることがある。

これを防ぐために有効的なのが、「センター返し」の意識でもあるのだ。強く振って、ピッチャーの足元に打球を飛ばす。センター返しと強く振ることは、車で言えば両輪。どちらかが欠けてしまっては、車は真《ま》っ直《す》ぐ走ることができない。

私は、強く振ることを必ず意識していたこともあり、三遊間に流すようなヒットは少なかった。アウトコースでもしっかりと踏み込んで、センターへ打ち返す。このヒットコースの当たりを、「なんでそこにいるの？」と驚くほどうまいポジショニングで捕っていたのが、ＰＬ学園高校の１つ後輩でもある宮本慎也選手（元東京ヤクルトスワローズ）だ。何本、ヒットを損したことかわからない。

前著『攻撃的守備の極意』（廣済堂出版刊）では、宮本選手と対談をさせてもらったが、ポジショニングについて次のような内容のことを話していた。

「立浪さんのときは、状況にもよりますけど、ショートを守っていたときはだいたい二遊間を締めるポジショニングを取っていたと思います。立浪さんはしっかり振ってくるタイプで三遊間にちょこんと流してくることはないんです。ちょこんと当ててくるタイプの左バッターには三遊間を締め気味に守る。左バッターのときはタイプによって、二遊間か三遊間か、どちらかに寄るようにしていましたね」（抜粋）

さすが宮本選手だ。先輩のことをよくわかっている。

彼がショートにいるとき、バッターボックスから三遊間があいていることはなんとなくわかる。でも、そこに打とうなんて思うと、バッティングは崩れていく。

宮本選手に限らず、相手がチーム全体として極端なシフトの守備隊形を敷いているときも同様だ。もちろん、守備位置をしっかり確認することは打者として必須なことであり、あいているスペースに狙い打てれば長打になる可能性も高まる。しかし、狙い打ちはトスバッティングなら可能だが、マウンドにいるのはプロのピッチャー。相手がどこを守ろうとも、「センター返し」「強く振る」という基本を忘れずに私は臨《のぞ》んでいた。ピッチャーの投球がそう速くないアマチュアレベルでも、守備隊形に左右された小手先の打ち方ばかりしているようでは、結果的にバッティングを崩してしまうだろう。

では、どうすれば強く振れるのか。

それは、最も力の入るポイントはどこか、ということにもつながっていく。

どこでボールをとらえれば、強い打球が飛んでいくか。そのポイントを知らずにただ強く振っても、それはもはや当てずっぽうでしかない。言うまでもなく、実際にピッチャーが投じるボールを打ち返してこそバッティングは成立する。きれいなスイングをしたら、3割が打てるというわけではないのだ。

私は、子どものころからタイヤを叩くのが好きだった。バットを持ってタイヤを叩く。ただ、それだけのことだが、どのポイントでタイヤを叩けば、最も力を伝えられるかを実感することができた。両ヒジが伸びきったところがいいのか、あるいはヒジがやや曲がっていたほうがいいのか。このあたりは、実際にやってみるとすぐにわかるはずだ。ある程度、ヒジが曲がった状態でタイヤを叩いたほうが、強い力を伝えることができる。このタイヤ叩きで覚えたポイントが、実際の打席でのミートポイントにもつながっていく。

私がイメージしていたミートポイントはステップした前足のつま先の延長線上。より細かく言えば、ピッチャーとキャッチャーを結んだ線に、かかとからつま先を通った線を伸ばしてまじわるあたり。当然、すべての球をここでとらえられるわけではなく、多少のズレは生まれる。

でも、たとえ変化球でタイミングがずらされたとしても、このポイントまで引きつけようとする意識は持っていた。バッティング練習のときからどんな球に対しても、前足のつま先の延長線上で打つ。そして、強く振って、強い打球を飛ばす。この取り組みの結果が、二塁打の多さにつながっていったのかもしれない。

理想のミートポイント

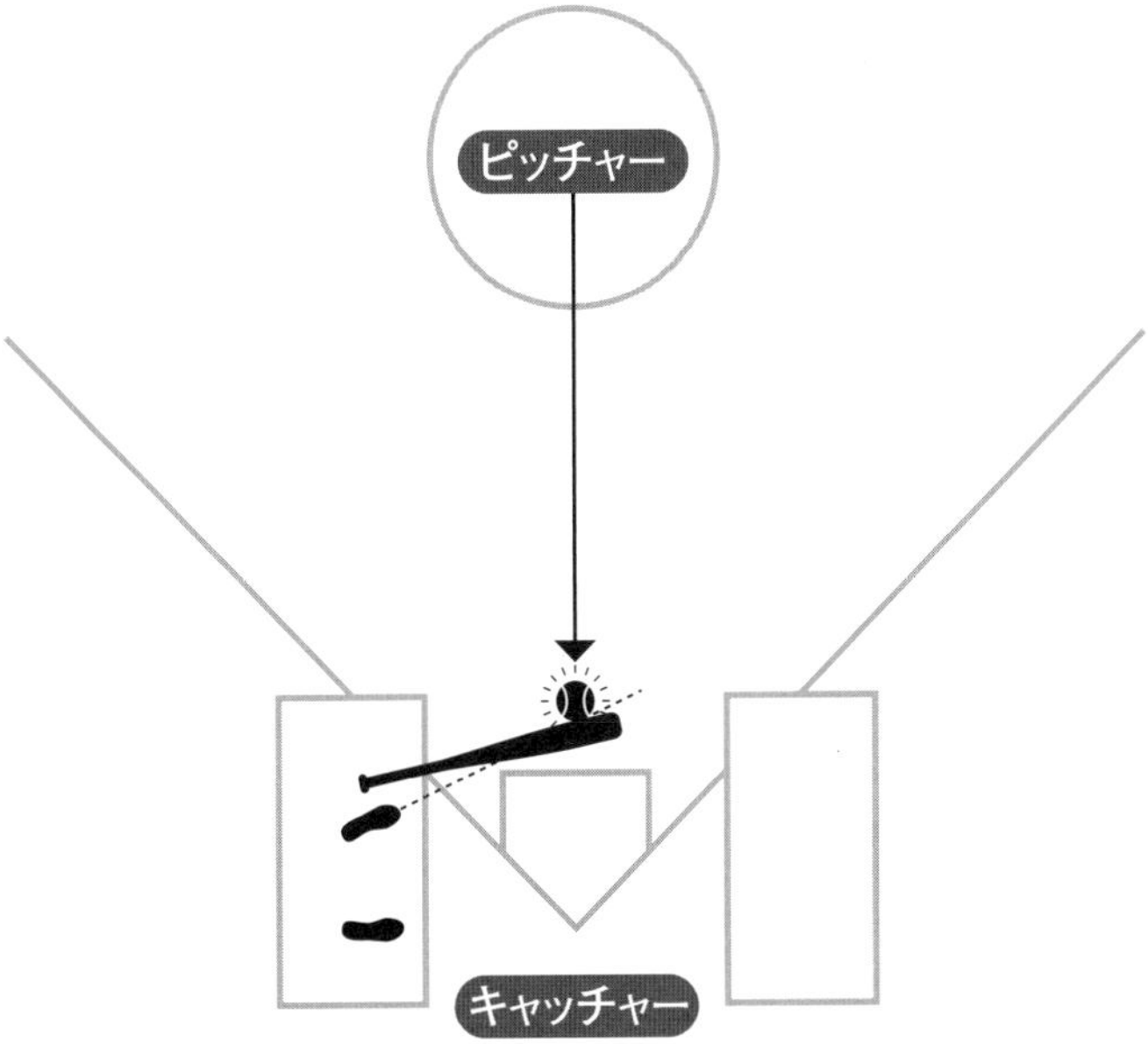

ステップした前足の先と、投手と捕手を結んだ線がまじわるところがミートポイントの目安。

きっちりとらえた打球は右中間に飛ぶ

「センター返し」の意識と「強く振る」が実践できたとき、結果的に私の打球は右中間にライナーで飛ぶことが多かった。これこそ、私が常に頭に描いていた理想の打球だ。データをとったわけではないが、右中間を破る二塁打がいちばん多かったのではないか。

投球のコースとしては、真ん中から外角寄りのやや甘目。「センター返し」という言葉とは矛盾しているかもしれないが、このコースに対してセンター返しを意識して強く振ると、右中間に飛ぶのだ。調子がいいときの打球であり、1つのバロメーターにもなっていた。

なぜ、センターではなく右中間に飛ぶのか。

これがそのままセンターに飛んでいるようでは、長打は増えていかないかもしれない。左中間に切れていくような打球のときは、決して調子がいいとは言えない状態だ。

カギになるのが「ヘッドをきかす」という技術だ。野球のバットは、ヘッドに重みがあるようにできている。中でも、より先端に近いほうに重みがあるバットを「トップバランス」と言う。遠心力をフルに使うことができるため、長距離打者が好んで使うタイプだ。

私が使っていたのは「ミドルバランス」。おおよそ、芯《しん》の近くに重心があるバットで、おもに中距離打者が使うタイプだ。

重心があるヘッドにいかに仕事をさせるか。これもバッターの重要な技術と言える。これをうまく行うことができれば、先が重くなっているため、遠心力に乗ってバットスピードが加速していく。加速したところでボールをとらえれば当然、打球は飛んでいく理屈となる。ヘッドをきかせるにはコツがある。いかに、グリップで支点を作るかということだ。テコの原理と同じで、支点がなければ、作用点とも言えるヘッドは走っていかない。

このあたりの技術は、横浜や中日で活躍したタイロン・ウッズ選手がものすごくじょうずだった。日本でプレーした6年間で240本塁打。6年連続で35本以上のホームランを放った、本物のスラッガーだ。

ウッズ選手はとてつもないパワーを持っていたため、力で打っているように見えるが、彼のホームランの多くは技術で打ったものだ。グリップでしっかりと支点を作るので、その先にあるバットのヘッドがスパーンと走っていく。だからこそ、あれだけのホームランを打てたわけで、「ヘッドをきかせて打っているな」と、よく感心したものだ。日本人では中村紀洋《のりひろ》選手（元中日、横浜DeNAベイスターズなど）の技術が秀逸。私が使っているバットよりも1～2センチ長いうえに、重心はトップバランス。長いうえに重心がヘッドのほうにあるとなると、使いこなすのが難しい。極端に言えば、長い竹竿を使ってバッ

ボールをバットの芯《しん》で的確にとらえ、遠くに飛ばす技術は日本人屈指の中村紀洋選手。

ティングしているようなものだ。それでも、中村選手は支点をきかせたバッティングで、的確にボールをとらえ、遠くに飛ばす。彼もまた、パワーではなく、技術で打つタイプと言える。

記録を見てみると、14年までの日本プロ野球通算22年で404本塁打。私と同じ年数をプレーしたことになるが、さすがにホームランは比べものにならない数だ。

じつは、フリーバッティングのときに、何度か中村選手のバットを使わせてもらったことがある。バットを目いっぱい長く持って振ってみると、面白いようにボールが飛んでいった。バットでこんなにも変わるものかと感じたものだ。でも、試合で使うことはなかった。あれだけ長いバットを、練習でならともかく本番で使いこなす自信はない。中村選手だからこそ使えるバットなのだろう。

「カベを作る」ことでヘッドが走り、強く振れる

ここからは、強く振るためのコツを紹介したい。

テレビ中継など見ていると、バッターは体を回してバットを振っているように見えるかもしれない。昔から「腰を回して打て！」という言葉も存在する。ただ、最終的には回し

ているように見えるかもしれないが、体が前に流れないように「カベ」をしっかりと作らなければ、バットのヘッドは走っていかない。カベがあるために、体にブレーキがかかり、支点が生まれ、ヘッドが走っていく。それが、結果として「強く振る」ことにつながっていく。ピッチャーにしても同じことが言える。速い球を投げるピッチャーは、踏み出した前足の股関節《こかんせつ》でしっかりと体を受け止め、ブレーキをかけることによって、腕が強く振られている。前足で踏ん張れずに下半身が流れるようでは、速い球を投げることはできない。

では、カベはどこに作ればいいのか。左バッターである私の場合、ピッチャー側の「右サイドのカベ」を強く意識していた。体のどこか一部分ではなく、右側、右サイドだ。体が開いてしまうと、この右サイドのカベが消えてしまうことにもなる。

こうやって考えてみると、バッティングはすべてつながっているということだ。どこかに1つでも理想の動きを邪魔する動作が入ってしまうと、ヒット、そして長打の可能性は下がってしまう。

「カベ」という意味で、「あ、こういう感覚かな」と、イメージをつかんだ打席がある。

あれは、プロ入り3年目の開幕戦(90年4月7日)だった。高卒1年目の88年からレギュラーとして試合に出させていただき、新人王を受賞することができたが、プロで戦える体力や筋力がない中で、1年間プレーした代償は予想以上に大きかった。右ヒジを痛めてしまい、2年目となる89年はわずか30試合の出場に終わった。終盤戦に少し出場したぐらいで、仕事らしい仕事がまったくできなかった。

そして、迎えた翌90年の開幕戦。第1打席だった。ストレートを強く振り抜き、ライトへ第1号ホームラン。今となっては少し恥ずかしいが、涙ぐみながらベースを回ったことを覚えている。前年はほとんどプレーができずに終わってしまったため、この年にかける思いがあったのだ。その開幕戦の1打席目に結果が出たことは、本当にうれしくもあり、同時にホッとした。「現役生活22年の中で思い出に残るホームランは？」と聞かれたら、私はこのホームランを挙げる。

この年、キャンプの段階から「カベ」を作ることにこだわっていたが、その中で構えを少し変えていた。左打席でスタンスを決めたあと、すぐにピッチャーを向くのではなく、一度、バットを見るようなイメージで三塁側のベンチを向くようにしたのだ。こうすることで、なんとなくではあるが、右サイドにカベを感じられるようになった。こういった視線の向け方1つで、バッティングは変わっていく。

同じ狙いでやっていたかはわからないが、清原和博さん（元西武ライオンズ、巨人など）や池山隆寛さん（元ヤクルト、現東京ヤクルト二軍野手総合コーチ）も、バットを見てからピッチャーに視線を移していたように記憶している。

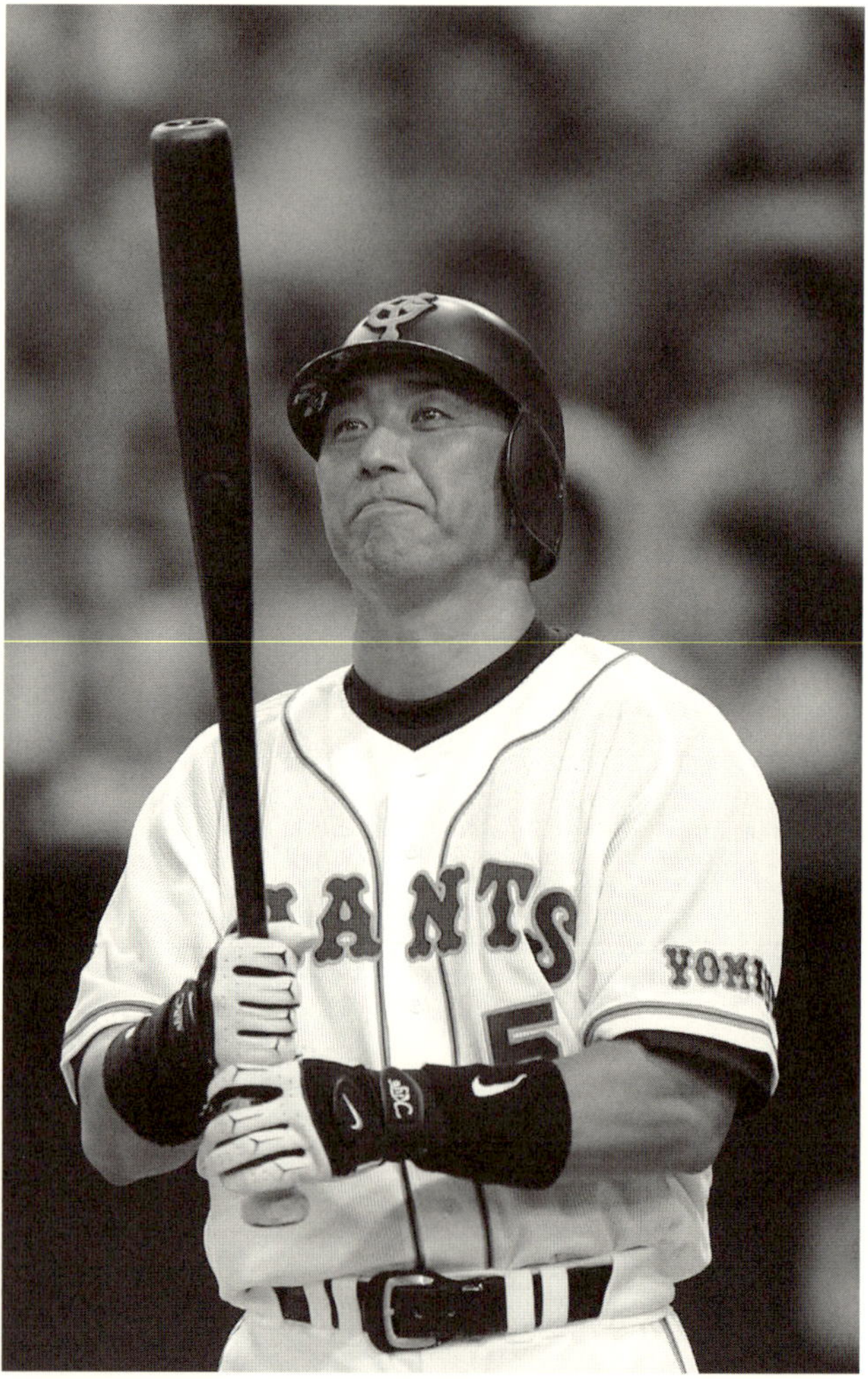

バットを見ることで打席での集中を高める清原和博さん。通算525本塁打の長距離打者だ。

カベを意識し出してからは、キャンプの振り込みのときに、右サイドの脇腹が張るようになった。30分も振っていると、脇腹が痛くなってくる。私にとっては右サイドにカベを作ることができている証拠で、カベを確認する1つのバロメーターと言えた。

トレーニングで打球が変わる

前述したように、2年目にケガをしてから、「こんな体ではプロではやっていけない」と強く感じるようになった。1か月やそこらであれば勝負できるかもしれないが、プロの世界は1年間を通して活躍できなければ評価されない。そして、これを3年、5年、10年と積み重ねられた選手だけが一流の仲間入りを果たしていく。当時の私には、まず1年間を乗りきる体力が備わっていなかった。

そのために、2年目はケガのリハビリも兼ねて、ウエイトトレーニングに力を入れた。今では誰もが当たり前のように取り組んでいるが、あのころはそこまで熱心にやっていた選手は少なかったように思う。といっても、今のようにトレーナーがついて、本格的に教えてくれたわけではない。春のキャンプのトレーニングルームに用意されていたのは、5キロと10キロのダンベルぐらいだった。

そんなシンプルな器具を使ったトレーニングでも、取り組み始めたことで打球の伸びや勢いが変わっていくことが実感できた。

やはり、強い振りで、勢いのある打球を打ちたければ、トレーニングが必要となる。長打を打つためには、技術向上とともに、体作りも不可欠だ。

このとき、トレーニングをやれば打球が変わり、結果にもつながっていくと実感できたのは大きかった。ケガで戦線を離脱することだけは絶対に避けたかったので、それ以来、現役をやめるときまで欠かさずトレーニングをするようになった。試合が終わったあとも球場でトレーニングをしてから、家に帰る。一度は仕上がった筋力でも、トレーニングをやらなければすぐに落ちてしまうからだ。自宅の地下にもトレーニング室を作り、オフでも体を鍛えられるようにしていた。

今の選手は、昔よりもこういったトレーニングに対して真剣に取り組んでいるように感じる。まじめな選手が増えたのではないだろうか。だからこそ、選手寿命が延びているのだろう。30歳を過ぎてからでもうまくなっていく選手が多い。

もし、この本を読んでいる現役の草野球選手がいたら、毎日少しずつでもいいのでトレーニングに取り組んでみてほしい。仕事が忙しければ、ちょっとしたウエイトトレーニングでもいいし、10回の素振りでもいい。

やり続けていけば、必ずスイングは変わってくる。地道に取り組んだ先に、会心の長打が待っているはずだ。

足と手の反動を使った強いスイングで、ボールを飛ばす

3年目となる90年のシーズンを迎えて、試合でも強いスイングができるようになったこともあり、「もっと強い打球を飛ばしたい」という欲が出るようになった。そこで、右足を上げるようになったのだ。確か3年目の途中からだと記憶している。

高校時代も足を上げて打ってはいたが、プロに入ってからはすり足に変えていた。まだ筋力がなかったため、軸足でバランス良く立てなかったからだ。ただやはり、打球は飛ばない。足を上げたほうが軸足に力がたまり、体の「反動」を使ってバットを振ることができる。体の小さな私にとっては、ノーステップやすり足で、エネルギーを生み出すのはなかなか難しかった。

ただ、足を上げることによって、バランスが崩れたり、ゆるい変化球にタイミングをずらされるというマイナス面もある。そこは、「間《ま》」や「割れ」と言われるものを意識することで克服していくしかない。それらの意味や対策は第2章で詳しく解説しているので、

参考にしてほしい。

足を上げるとともに、私が取り組んでいたのが、バットのグリップを握る手を動かすことだ。手で反動をつけて、バットを振る。

例えば、イスに座った状態で前から来たボールを打つとする。小さな子どもであっても、ボールを打とうとしたら、手をキャッチャー側に引いて、タイミングをとるはずだ。これが打つための準備。野球用語では「バックスイング」とも言われる動きだ。バックスイングをとってから、「トップ＝基本的にバットのグリップが体から最も離れたときのポジション」を作る。

今の若い選手たちを見ていると、バックスイングをあまりとらない。「ストレートに振り遅れてしまう」という感覚があるのかもしれないが、バックスイングをとらずに、そのまま打ちに行ってしまうのだ。野球教室に行っても、こういう打ち方の子どもたちが多い。ボールとバットが当たる確率は上がるかもしれないが、これで強い打球を打てるだろうか？　強く振ることができるだろうか？

「反動＝振るための準備」だ。グリップを握る手を動かすことがスイングのための助走となる。構えたところからそのまま振るよりも、勢いをつけて振ったほうが強くスイングできる。

ただ、子どもたちに「反動を使って打ってごらん」と言うと、上体をキャッチャー側にひねり、グリップが背中のほうに入ってしまう。いわゆる、後ろが大きいスイングだ。これは大きな勘違いで、上体をキャッチャー側にひねることや、後ろを大きくすることが反動ではない。それでは、体を回転させるときに最も重要な「軸」がブレてしまう。体の中心にある軸、わかりやすく言えば背骨を意識し、さらに前の肩を常にピッチャーに向けたまま、バックスイングで反動を作る。ここを意識しておけば、上半身をひねることはなくなるだろう。

自分の得意なコースを知って長打を放つ

強く振るためには、自分の得意コースを知っておく必要もある。

09年8月8日の横浜戦。あの長嶋茂雄さん（元巨人、現巨人終身名誉監督）の記録を抜く、通算2472本目のヒットを打つことができた。

ライトフェンス直撃の二塁打。つくづく自分は二塁打と縁がある人間だと思う。長嶋さんの記録は意識していたわけではなく、記者の方が報道するようになってからわかったぐらいだ。

対戦相手は、山口俊《しゅん》投手（現横浜DeNA）。14年は先発投手として8勝を挙げる活躍をした右腕だ。当時は速いストレートを武器に、抑えとして活躍していた。

打ったボールは、インローのストレート。インコースを狙っていたわけではないが、低めには狙いを定めていた。

若いときは高めのストレートを上から叩いて打つことができたが、年をとるにつれて、ヘッドが下がり、ファウルになることが増えていた。身体的な衰えも関係しているだろう。だから、代打稼業になってからは、意識的に高めよりも低めを狙うようにしていた。私の中で、低めのほうがヘッドをきかせて打てる感覚があったのだ。

バッティングは生き物である。その日の体調によって、きのうまでの構えがしっくりいかなかったり、うまくバットを振れないことがある。そして、年齢とともに、若いときにできたことができなくなることだって珍しくはない。

そんなときに若いときのスイングを追い求めても現実的ではない。それよりも、今のスイングで打てるコースを考える。若いカウントでは、低めに狙いを定めておくことが多かった。

突き詰めれば「自分を知る」ということにつながっていく。これは、野球だけでなく仕事や人生でもそうだろう。今の自分の強みはどこで、苦手なところはどこなのか。バッティングにおいては、強くスイングできるコースはどこなのか。

あのころ、自らを総合的に考えた結果、出した答えは高めよりも低め、アウトコースよりもインコースだった。

「ボールをよく見る」ことで、体の開きを抑える

「センター返し！」「強く振る！」の2つに続く、長打を呼び込むポイントが、「ボールをよく見る！」だ。バッティングの基本中の基本のように思えるかもしれないが、試合の中でボールを本当によく見て打っているバッターが、どれほどいるだろうか。

実際、バットに当たるインパクトの瞬間までボールを見ることなどできないだろう。不可能と言っていい。途中まではボールが見えているが、あとはボールの軌道を予測して打っている。そうなると、「ボールをよく見て打ちなさい」というのは矛盾しているかもしれない。

それでも、なぜ「見る」ことが不可欠なのか。大切なのは、見ようとする意識だ。見ようとすることで、体の開きを抑え、左バッターなら右サイド、右バッターなら左サイドにカベを作ることができる。

大きな飛球を放とうと、気持ちだけ先走りして、ボールを見ることをおろそかにしてしまうと、体の開きが早くなり、結果としてカベも崩れてしまう。

右バッターであれば、顔だけレフトスタンドに向いていて、外に逃げる変化球に空振り

することがある。意識が、完全にレフトに向いている証《あかし》とも言える。ボールをよく見て打つ意識があれば、このような空振りを減らせるはずだ。

私は、とくに調子が落ちてきたときこそ、「センター返し」「強く振る」「ボールを見ること」を自分に言い聞かせていた。プロ野球選手だからといって、バッティングの基本、やるべきことは、子どもたちと変わらない。当たり前に思えることをしっかりと実践できているときに、結果として長打は生まれていく。

強い力を生み出すには、「体を振らずにバットを出す」

バッターにとって「しめた!」「打てる!」と思ったときこそ、落とし穴がある。その瞬間によけいな力みが生まれ、体をあおってしまうのだ。

あおるというのは、上半身を回すときにアゴが上がってしまうこと。左バッターの私の場合、顔も意識もライトに向いていることになる。もちろん、これでは「ボールを見る」ことはできないわけだ。

チャンスで甘い球や狙いどおりの球が来たときこそ要注意。基本を忘れずに、ボールをよく見てコンパクトにセンター返しを意識する。それだけを頭の中に入れていた。

表現を変えれば、「体を振らずにバットだけを出す」「ヘソの前でヘッドを走らせる」となる。この意識だけあれば、あとは自然な動きで、体は回っていくものだ。

人間、最も力が入るのはヘソの前。重い荷物を持つとき、誰もがヘソの前に荷物をセットする。これは意識しているのではなく、無意識下の動作だ。ボクシングのパンチを打つときも体の正面、つまりヘソの前に相手を置いたほうが強いパンチを放つことができる。スポーツでも単なる動作でも、強い力を生み出すには、例外はあるだろうが、おおまかな理屈は同じだろう。

バッティングも同様で、ヘソの前でバットに仕事をさせる。ヘッドを走らせる。感覚としては、ホームベースの上を振っているイメージだ（実際は、体の回転が加わるので、ホームベースよりもピッチャー寄りを振っていることにはなるが）。

体をあおってしまうと、ヘソの前を振れなくなる。前の肩が開き、バットだけ後ろに残っている状態で、これではボールが当たるインパクトの瞬間に、力を加えることはできない。

現役時代の私は、球の速いピッチャーに対して、体を回すのではなく、ホームベースの上にグリップを握る手をポンと出すだけで、ボールが予想以上に飛んでいくこともあった。これは球の威力を利用するイメージだ。

だから、球が遅いフリーバッティングでは打てないようなものすごい当たりが、ピッチャーが本気の球を投げ込んでくる試合になると生まれることもあった。これが、「俺が打ってやろう」「速い球を打ち返してやろう」と力みが入ると、打てなくなってしまうのだ。

ときおり、ホームランバッターが「後ろ手で押し込む」と表現することがある。後ろ手とは、右バッターなら右手、左バッターなら左手になるが、私にはそのボールを押し込むような感覚はなかった。この感覚を持つ人こそが、逆方向にもホームランを打つことができるのだろう。

私の場合は、「手をポンと出す」。非常に感覚的な話で申し訳ないが、この「ポン！」が意外に大事だったりするのだ。

ヘソの前でヘッドを走らせることとの重要性の話は素振りにもつながっていく。子どもたちの素振りを見ていると、インパクトの瞬間が、ヘソの前ではなくてピッチャー寄り、ときにはピッチャーの真向かいのイメージになっている子が多い。右バッターであれば左サイドの前、左バッターであれば右サイドの前を振っている。もちろん素振りだから球はないが、見逃せば体に当たるようなコースの球を「ブン！」と振っているポジションなのだ。これでは、実際のバッティングにはまったくつながっていかないのは明らかだ。

ホームベースの上をどれだけ振っているか。ピッチャーのベストボールと言えば、アウトロー。そのイメージがあれば、体の前を振ることはないはずだ。

本書の高橋由伸《よしのぶ》選手との対談企画の中で彼は、練習のスタイルについて「素振りが苦手で、ボールを打つのが好きだった」と語っているが（60ページ参照）、私はバランスを考えながら、素振りとティーバッティングの両方をやっていた。

なぜかというと、ボールを打とうとすると「飛ばそう」「強く打とう」という気持ちがどうしても先に立ってしまい、正しいフォームで振れなくなるときがあるからだ。その点、素振りはボールがないために、形だけに集中し、動きをしっかりと確認することができた。このあたりの練習スタイルはプロの選手でも様々だ。

練習では体を大きく使う

試合の打席では、バットを指1～2本短く持っていた。コンパクトに振り抜きたいのと、ストレートに振り遅れたくないという気持ちがあったからだ。また、気持ち的にも大振りが防げ、「センター返し」「ボールをよく見る」を意識しやすかった。

しかし、短く持つのは試合のときだけ。練習でのティーバッティングや、試合前のフリーバッティングでは、バットを長く持って打ち込んでいた。

練習のときからバットを短く持ってしまうと、自分の根本的なバッティングが小さくなってしまうような気がしたからだ。こぢんまりとしては、試合での長打も期待できない。練習ではしっかりとバットを振って、強い打球を打つ、遠くに飛ばす。体のキレを作る意味でも、体をできるだけ大きく使うように意識していた。

そういう視点で練習を見てみると、試合では短く持っているバッターでも、練習では長く持つ選手が多いかもしれない。プロ選手のフリーバッティングなどを見る機会があれば、ぜひ注目してほしいポイントだ。

練習というものは、なにを意識するかで、その意味合いが大きく変わってくる。トスバッティング、ティーバッティング、フリーバッティング、どの世代の野球でも練習メニューはさほど変わらない。

ティーバッティングの中には様々な種類があるが、それもこれも、選手がなにを意識しているかで効果が変わってくる。150ページの対談コーナーで詳しく解説しているが、東京ヤクルトの山田哲人《てつと》選手のように、杉村繁打撃コーチ（元ヤクルト）の指導のもと、目的意識を持った十数種類のティーバッティングを採《と》り入れたことによって、才能が一気に開花したケースもある。

いちばんいけないのは、ただ漠然《ばくぜん》とバットを振ってしまうこと。目的のない練習では、バッティングは上達せず、長打にもつながらない。

多彩な練習の効果もあって、2014年シーズンに素質が一気に開花した山田哲人選手。

サイクルヒットの際に最後に打った三塁打の難しさと、長打につながる走塁

「長打」と言えば、97年8月22日の阪神タイガース戦で、最初で最後となるサイクルヒットを記録した。二塁打、ホームラン、内野安打、三塁打の順番だったと記憶している。最も難しいと言われている三塁打が最後に残り、それを打つことができたわけなので、ラッキーな面もあったのだろう。ベンチでは「あと三塁打でサイクルだぞ！」と冗談っぽく声をかけられていたが、まさか本当に打てるなんて思ってもいなかった。

97年と言えば、ナゴヤドーム元年。開幕戦で、記念すべきナゴヤドーム第1号のホームランを放ったのが私だ。いきなり広くなった球場で、ホームランバッターではない自分が第1号を打つなんて夢にも思っていなかった。第1号というのは、球場の歴史に名前を刻むことにもなるので、やはりうれしさはあった。

サイクルヒットを打ったのも、ナゴヤドームだ。三塁打は、センターを守っていた新庄剛志《つよし》選手（元阪神、北海道日本ハムなど）の横を抜けていったのだが、抜けた瞬間に「3つまでいける」と確信しながら走っていた。前年まで使っていたナゴヤ球場であれば、三塁まで行けたかはわからない。そういう意味でも、いろいろと運が良かったのだろう。

三塁打というのは、本当に難しい。二塁打は、ライト線、右中間、左中間、レフト線と、外野手の横を抜けるか、頭を越えてフェンスを直撃すれば、まず成立する。当たりが良すぎたり、バッターランナーの足が極端に遅い場合はシングル止まりとなる場合もあるが、それはプロでは珍しいケースだ。

しかし三塁打は、外野手が後ろに逸《そ》らすような場合を除けば、サードへの中継プレーの距離を考慮すると、ほぼ右中間かライト線の当たりに限られる。

二塁ベースを蹴って三塁を目指すかどうかは、基本的にはバッターの判断になる。ただ、クッションボールの転がり方や、外野手の処理の様子など、走りながらではよくわからない部分もあるので、三塁コーチャーの指示ももちろん重視する。

ノーアウトや1アウトでは、二塁打か三塁打かの違いは大きい。それだけに、若いころは私も積極的に三塁を狙っていた。もちろん単打か二塁打かの違いも大きいわけで、1つでも多くの塁を奪おうとする走塁の姿勢や判断力は、長打に大きく関係してくる。

話を97年に戻そう。この年は絶不調だった。133試合に出場して、打率2割6分9厘。プロに入って区切りの10年目だったが、1年目、2年目を除くと、キャリアワーストの打率だ。開幕のスタートこそ好調だったが、そこからジリジリと打率が落ちていった。

理由の1つとして考えられたのが、人工芝だ。土のナゴヤ球場から、人工芝のナゴヤドームに変わったことで、予想以上にヒザ、腰に負担がかかり、結果的にバッティングにも影響を及ぼすことになったのだ。足腰に疲れがたまるため、下半身をしっかり使ったスイングができない。

もちろん、ナゴヤドームができる前から、東京ドームや神宮球場など、人工芝の球場はほかにもあった。ただ、最も試合数が多い本拠地が人工芝になるのは、やはり影響が違う。遠征で甲子園球場や広島市民球場といった土の球場に行くと、どこかホッとできたものだ。

このときは球場の問題もあったが、ときには1本のホームランによって、調子が崩れていくこともある。ホームランがスランプの始まりになってしまうのだ。バッターは頭のどこかで、会心の当たりを描きながらピッチャーと対峙《たいじ》している。残像があまりに強くありすぎると、体の開きが早くなったり、ボールに対して目を切るのが早くなってしまうのだ。

とくに、私のようにホームランの少ない選手が、ホームランを打ったときは要注意だ。ホームランを打ったことを忘れるぐらいの気持ちで、心と体をリセットして、次の打席、次の試合に臨まなければいけない。

そんなときにも立ち返るのは、やはり「センター返し」「強く振る」「ボールをよく見る」ということ。この姿勢によって、結果的にまた長打を放つことができたりするのだ。

特別対談
前編

立浪和義 × 高橋由伸

飛ばしのメカニズム&メソッド

お互いのバッティングの印象

「由伸はステップが狭いから、軸でしっかりと回れる」──立浪

×

「立浪さんはボールを怖がらずに、ピッチャーに向かう気持ちが強い」──高橋

立浪　今回は、忙しいところありがとう。「長打」の本を作るにあたって、どうしても由伸のバッティングの考えを聞きたかったんだ。おつき合いよろしく頼みます。

高橋　こちらこそ、よろしくお願いします！　立浪さんが引退されてからじっくり打撃についいて話す機会もあまりなかったので、今日は楽しみにして来ましたよ。

立浪　なんで由伸にお願いしたかと言えば、由伸のバッティングはすごい、天才的やなと思っていたから。

高橋　僕なんて、そんなことないです。

立浪　いやいや、由伸はすごいよ。さっそく本題に入るけど、とくに感心するのが、ステップが広くならないところ。ステップが狭いから、体の軸でしっかりと回ることができている。ステップが広くなったことないいんじゃない？

高橋　いいえ、やっぱり、「大きいのを打ちたい」と力むと広くなりますね。振りに行くと

広がるときがあります。

立浪　ステップは絶対に広くなったらあかんよな?

高橋　そうですね。極端に狭いのも力が出ないですけど、広すぎると回れなくなりますね。

立浪　そう、広すぎると回転ができない。由伸のことを初めて見たとき、すごいバッターが入ってきたなと思ったよ。1年目から打率3割打っているよね?

高橋　はい、1年目は3割ちょうどでした。

立浪　天才だよ。なによりも、タイミングをとるのがうまい。バッティングはいくらいいスイングをしていても、タイミングが合わなければ自分の形で打つことができない。由伸は、1年目からそれができていたから。

高橋　ありがとうございます。立浪さんはボールを怖がらずに、ピッチャーに向かってい た印象が強いです。勝負強さも光っていましたよね。

立浪　打ったときだけ見ているからじゃない?（笑）

高橋　いえ、代打になってからも、チャンスで立浪さんを迎えると、いやな気持ちがしていました。ジャイアンツ戦では、けっこう打たれていたイメージがありますよ。

立浪　そうかな?　でも、タイミングのとり方は、ライバルチームだけど由伸のスタイルを参考にしていた部分もある。足を上げたときに、両手が動いてヒッチというか、バットのグリップを握る手が一度下がるでしょう？

高橋 はい、下がりますね。

立浪 そのあと、足を踏み出すときに自然にグリップが上がっていく。体の使い方としてはこのほうがいいんだけど、自分の場合は足を上げたときにグリップまで上がってしまう。練習では由伸のようにできても、試合になるとできなかったんだよね。やっぱり、実際にピッチャーのボールを打つとなると、自分のクセが出てしまう。

高橋 練習と試合は違いますからね。

立浪 そうなんだよ。代打になると、ベンチからバッターを見ることが増えたけど、由伸を見ながら「若いときと打ち方が変わらないなぁ」と思っていたよ。

高橋 上と下を連動させる意識はしていましたね。無意識のところもありますけど、上をああやって動かすことで、一本足になるときに後ろの軸足に乗りやすくなる感覚はあります。全体が動いているほうが、タイミングがとりやすいですね。

立浪 そうそう、軸足にしっかりと乗っているからタイミングをとれるし、ボールとの間《ま》が取れている。足を上げるバッターというのは、前の足をバタンと着いてしまうと、絶対にタイミングがとれない。始動を早くしてから、足を着くまでの時間を長くとる。それができたら、変化球を拾えたりできるもんな。

入団1年目からタイミングをとるのがうまかった高橋由伸選手。その打棒は健在だ。

高橋　そうですね、いいときは間合いがとれていますね。

立浪　打席での狙い球はどのように決めていた？

高橋　基本は真《ま》っ直《す》ぐ狙いです。

立浪　やっぱりそうだよな。長くプロで活躍している人は、絶対に真っ直ぐ狙いで、変化球にも対応していく。最初から変化球を待っていたら、長く活躍はできていないと思うな。

高橋　はい、基本は真っ直ぐ。遅い球から速い球には対応できませんから。

立浪　最近は、いろいろな球種を投げるピッチャーが多いけど、そうは言ってもいちばん投げてくる球種はストレートで、いちばん練習しているのもストレート。ピッチャーの基本とも言われるストレートを打たないと、プロでは生きていけないよな。

飛ばしのコツ

「僕は左の後ろ手に、ボールの厚さを感じるようにしています」──高橋

×

「反動を使って飛ばしていたけど、引っ張ろうとして開くのは良くない」──立浪

高橋　立浪さんはバッティング練習のときに、いろいろと試されていましたね。足と一緒にグリップを握る手を動かしてみたり。「やっぱり、手を動かすんだな」と感じていました。

立浪　自分の場合はそんなに力がなかったから、手で反動を使わないとボールを飛ばせなかったからね。外国人みたいに力があれば反動はいらないのかもしれないけど、彼らとは持っている力が全然違うから。

高橋　僕も足を上げて打っていたのは、反動を使いたかったからです。足を上げたほうが、自分の力を最大限に使える。自分の体をどう使えばボールが飛んでいくか。それはけっこう考えてました。

立浪　飛ばすには「反動」がカギになるね。

高橋　はい、そこは常に気にしてましたね。僕は自分をホームランバッターだとは思っていないですけど、やっぱりバッターの本能としては強く打って、ボールを遠くに飛ばしたいという気持ちはありますよね。

立浪　今のところ、ホームランは何本打っているの？

高橋　いちおう、300本ぐらいは打っています（2014年までで316本）。

立浪　じゅうぶん、ホームランバッターやろ！（笑）

高橋　でも、狙って打ったのは数えるほどしかないです。

立浪　あるの？

高橋　はい、やっぱり、狙っても許される場面ってありますよね。

立浪　2アウトでランナーいない場面とかな。でも、ずっと不思議に思っていたんだけど、由伸は身体能力がすごく高いわけでも、体がとくに強いわけでもないのに、どうしてあんなに打球が飛ぶの？　せっかく、こういう機会だから直接聞いてみたかったんだよね。

高橋　ありがとうございます。体の反動のほかには、相手の力を利用したり……。いろいろと考えてはいます。

立浪　15年の4月で40歳？

高橋　はい。

立浪　14年のシーズンもホームランを打っているでしょう？　すごいよな。

高橋　6本です。まあでも、いちばん大事なのは、飛ばすコツかもしれません。

立浪　確かに、コツはあるね。ヘッドをきかせる、というか。由伸のバッティングから感じるのは、小さいステップ幅で打っているので、軸回転がきれいにできている。回転も速い。それだけ遠心力をきかせて打てているのかなって。

高橋　オフにゴルフやりますよね。プロゴルファーを見ていると、体の小さい人でもものすごい飛距離を出す選手がいます。やっぱり、体の使い方やボールのつかまえ方、クラブのヘッドの使い方がうまいんでしょうね。それは、野球に通じるところもあると思っているんです。

立浪　その野球に通じる由伸なりの「コツ」をぜひ教えてほしいね。

高橋　僕はボールをとらえたとき、左の後ろ手に、ボールの重さというか、厚さを感じるようにしていました。

立浪　厚さか、なるほど。だからレフトにもホームランが打てるんだろうね。

高橋　立浪さんは、どうでしたか?

立浪　そういうのはなかったなあ。よくホームランバッターが「後ろの手で押し込む」というけど、自分の場合は押し込んでもせいぜいレフトの頭を越えるぐらい。やっぱり、引っ張らないと飛ばなかった。センターから逆方向に打ててこそ、ホームランバッターでしょう。ここが、由伸との違いなんだろうな。

高橋　ただ、基本的にはセンター中心に打つようには心がけていましたよ。

立浪　それは自分も同じ。反動を使うと言っても、引っ張ろうとすると、どうしても開くから、気をつけないとね。理想の当たりみたいのはあった?

高橋　右中間への長打ですね。小さいころからバッティングを教えてくれていた父親に、「引っ張らないとダメだ」といつも言われていたんです。その教えがあるからだと思います。流すよりも引っ張る、という。

立浪　自分も、真ん中から外よりの甘いボールを右中間に打てているときは調子がいいと感じていた。右サイドにカベがなければ、強くは引っ張れないからね。このあたりは、由伸と同じ感覚かもな。

高橋　そうかもしれませんね。

立浪　バッティングで好きな練習ってあった？

高橋　僕はわりと短い距離でのバッティングが好きなので、近くからゆるいボールを投げてもらったり、ティーバッティングをしていました。

立浪　素振りは？

高橋　素振りは苦手なんですよ。

立浪　でも、自主トレのときに素振りをやっていなかった？

高橋　いえ、基本的にはボールをたくさん打っています。ボールを打った感触や厚さがないと続けられないんです。松井秀喜さん（1998～02年まで巨人でチームメイト）は、素振りをよくやっていたようですけどね。

立浪　長嶋茂雄さんと一緒にやっていたらしいね。

高橋　立浪さんは素振りをしていましたか？

立浪　ボールを打つのと素振りの両方かな。ボールを打たないほうが、形やスイングを確認できるときがあるからね。

こだわりのバット

「年々、バットは軽くなって、最後は900から905グラム」――立浪

×

「相手ピッチャーや自分の調子で、2つのバットを使い分けています」――高橋

立浪 由伸のバットはけっこう重たいね（バットを触りながら）。

高橋 これは920グラムです。立浪さんはどのぐらいの重さを使っていたんですか？

立浪 年々軽くなって、最後は900から905グラムあるかないかだったかな。

高橋 僕もこの920グラムと、910グラムまで行かないバットの両方を使い分けています。

立浪 どうやって使い分けているの？

高橋 相手のピッチャーだったり、自分のその日のスイングの調子を考えながらですね。あとは、代打で行くことが増えてからは「安心感」ですね。軽いバットのほうが、精神的に安心感があります。

立浪 それ、わかるわ。いきなり試合に出て、重いバットは振れない。精神的にもキツイよな（笑）。

高橋　正直、10グラムの差なんで、どれだけの違いがあるかはわからないんですけどね。

立浪　でも、軽いバットでもホームランが出ると、「これぐらいでも飛ぶんだ」と思うよな？

高橋　スイングスピードが速くなりますからね。

立浪　力のあるバッターだったら、軽いバットで打っても飛んでいくと思う。

高橋　重いバットを使うと、どうしても早く振ろうとして、力んでしまうところもあると思います。力んだらバットが出てこないので、打てない。10グラムですけど、メンタル面の違いはありますね。立浪さんも使い分けていましたか？

立浪　そうやね。代打のときは、重めと軽めの2つ。5グラムぐらいの差だけどね。

高橋　気持ちが変わりますよね？

立浪　バッターは単純なもので、前の日に軽いバットでヒットを打っていたら、「今日もこれで行こう」、打っていなかったら「今日は重いほうにしよう」という感じで（笑）。気分的なものもあるよな？

高橋　それは確かにありますね（笑）。

立浪　あとは、プロ野球界全体が少しずつ軽いバットになっているかもしれないね。ツーシームやカットボールが流行《はや》り出してから、扱いやすいバットのほうが好まれている。重いよりは軽いほうが使いやすいから。由伸のバットを見て思ったけど、若いときはもっと

現役時代の著者は、高橋由伸選手のバッティングスタイルを参考にしたこともある。ともに商売道具のバットへのこだわりは強く、話は尽きない。

グリップエンドが大きくなかった？　小さくなっているよね。

高橋　そうなんです。グリップ自体も細くなっています。

立浪　どんな狙いがあるの？

高橋　大学生のときは今より太いグリップを使っていました。バットをボールに当てることを優先していて、あまり飛ばそうとはしていなかったんです。

立浪　それは興味深い話やな。

高橋　プロに入って、体に力がついてきたことで、少しずつ飛ばせるようになってきました。そこで、小さいグリップエンド、細いグリップに変えていったんです。僕が入ったころのジャイアンツは、清原和博さん（通算525本塁打）がいて、松井秀喜さん（日米通算507本塁打）がいて、広澤克実さん（元ヤクルト、巨人など／通算306本塁打）もいましたから。

立浪　確かにすごい打線やったわ。本物の長距離バッターがそろっていたから。

高橋　あの方たちに比べれば、僕の飛距離なんて全然ですよ。清原さんは東京ドームのライトスタンドの看板にぶつけていましたからね。あんなの見たことありません。

立浪　確かに清原さんはすごかったよ。PL学園高校では2つ上の先輩になるけど、高校時代に木と竹の合成バットで、逆方向に放り込んでいたからね。

高橋　だから、長距離で対抗しても勝てないので、僕は打率を残すための太めのグリップのバットを使っていました。やっぱり、まずはチームの中で生き残ることを考えなくてはいけませんから。

立浪　確かに由伸は、若いときは決して長距離ヒッターのバットじゃなかったよな。それは覚えているわ。グリップエンドが太いと、先が軽く感じてしまうから、遠心力がきかない。でも、由伸はスイングが速いから、そのスピードで飛ばしていた印象がある。あと、当時はボールがよく飛んでいたころでしょう。

高橋　確かにすごく飛んでいましたね。そのあと、11年から低反発球に統一されたので、より違いを感じます。

立浪　やっぱり、全然違った？

高橋　いやぁ、飛ばなかったですね（笑）。

立浪　飛ばそうとすると、バッティングが崩れていくよな。力んで、強引なスイングになってしまう。

高橋　そうですね。さっきも言いましたけど、バッターはホームランを打ちたいという気持ちがどこかにあるので、飛ばないボールを飛ばしてやろうと思うと、変な力みが出てしまいますね。

立浪　球場によっても、気持ちは変わってくるよな。確かに広い甲子園とナゴヤドームのレフト方向へはスタンドに入る気がしなかった。

高橋　それはありますね。やっぱり、東京ドームは気持ち的に余裕があります。

立浪　東京ドームは打ちやすい！

高橋　正直、ちゃんととらえれば、レフトでもどこでも入ると思って打っていますから。でも、ナゴヤドームになると、かなりしっかり振らなければスタンドには入らない。この気持ちの違いは大きいです。

立浪　確か、ナゴヤドームのレフトに打ったことなかったか?

高橋　ありますけど、フェンスの上に「コン!」って当たってギリギリで（笑）。なんとか入ったというホームランです。

立浪　ナゴヤドームは入りにくいよな。とくに、逆方向はかなり力がないと厳しい。ピッチャーのボールがほかの球場より良くなるような気もしない?

高橋　それ、ありますよね。聞いた話では、マウンドの傾斜が投げやすいとか。

立浪　土が掘れないから投げやすいみたいだね。実際のところはわからないけど、ピッチャーからそういう話を聞くことが多い。どの球場でどれだけの試合数をやるかで、ホームラン数は変わってくるかもしれないね。

第2章

長打力を支える実戦的な応用技術

ステップが広くなると、強い打球の可能性が減る

この章では、基礎的なバッティングの土台の上に立つ、より実戦的な応用技術について解説していこうと思う。土台をしっかりと築き上げることも大切だが、「長打力アップ」ということまで考えるなら、いっそう試合を意識したここからの応用編も決しておろそかにできない。

考えれば考えるほど、バッティングは奥深く、難しい世界だ。しかし、考えていかなければ、答えを見つけ出すことはできない。その答えは、誰かに教わるものではなく、自分でさがすもの。自分が見つけた答えが、ほかのバッターに当てはまるとも限らない。人によって感覚が違うのも、バッティングの面白いところだ。

22年間、プロ野球の世界でプレーしてきて、引退間際になって「ダメなバッティングとはこういうものなのか」と感じたことがある。これをやってしまったら、強い打球を放てる確率は圧倒的に下がる。そう確信したと言ってもいい。ようやく、である。もっと早く気づくことができていたら、もう少しヒットや長打を打つことができたかもしれない。

それは「絶対にステップが広くなってはいけない」ということだ。対談で高橋由伸選手

も話していたように、決して目新しい理論でもない。しかし、この当たり前のことがプロ野球選手でもできなくなってしまうのだ。頭ではわかっていてもついつい広くなり、しかも修正がきかない。

そもそもステップとは、軸足（右バッターなら右）にためた力をピッチャー方向へ移動させる目的がある。よく言われる「体重移動」だ。足を踏み込んだほうが、強い力を発揮できるのはどのスポーツにも共通することだろう。サッカーでボールを蹴るときも、ボクシングで強いパンチを打つときも、必ずどちらかの足を踏み出しているはずだ。

しかし、人間の心理として、「力強く打ちたい」「強く振りたい」「速いストレートに力負けしてはいけない」と思えば思うほど、このステップが広くなりやすい。気持ちだけでなく、体も前に行ってしまうと、いわゆる突っ込んだ状態になってしまう。

考えてみてほしい。ピッチャーが投じるボールというものは、必ずバッターに近づいてくる。そのボールに対して、バッター自らが前に動いて距離を詰めてしまうと、よけいに速く感じてしまうのだ。

プロ野球のキャッチャーは150キロ以上のストレートを難なく捕球しているが、それはその場に座っているから。極端な話、「前に動きながら150キロを捕れ」と言われたら、一気に難易度が上がるだろう。

つまり、バッターはボールとの距離を極力詰めないほうが有利になるのだ。バッテリー間は18・44メートル。ピッチャー心理としては、この距離をできるだけ短くしたいが、バッターはできるだけ長く使いたい。それだけ、ボールを見る時間が作れるからだ。距離がとれなくなると、アゴが上がって、開きの早いスイングになってしまいがちだ。

打席で心がけていたのは、「さぁ、いらっしゃい！」と言えるぐらい、余裕を持ってボールを待つことだった。ボールを迎えに行くのではなく、こちらに迎え入れる。この気持ちを持つだけで、ステップが広くなることを防げたこともあった。ステップが広くなると、軸を中心として体がきれいに回れなくなるうえに、軸回転のスピードも遅くなる。必然的にボールに伝える力が弱くなり、長打の可能性は低くなっていくだろう。

試しに、実践してみてほしい。肩幅よりもやや広めに足を広げたときと、足を目いっぱい広げたときでは、どちらのほうが体を回しやすくなるだろうか。両足の幅が広くなればなるほど、体は回りづらくなるはずだ。

もちろん、バッティングのステップで考えたときにここまで顕著な差はない。しかし、わずか数センチでも広くなると、バッティングが崩れてしまう。逆に言えば、数センチだからこそ、自分では気づきにくい。気づかないうちにスランプに陥《おちい》り、そこから抜け出せなくなってしまうのだ。

もう1つ、ステップが広くなることは「頭の位置が動く」ことにもつながっていく。頭の位置が動けば、目線もぶれる。バッティングとは、いちばん太い部分の直径がおよそ6・5センチのバットで、直径23センチほどのボールをとらえる動作だ。的確にとらえるには、目線がぶれていてはいけない。これは実際に野球をやったことがない人でも想像がつくだろう。目線がぶれると、140キロのストレートが145キロにも150キロにも感じてしまうものだ。

とはいえ、構えた位置から頭が1ミリも動かないなんてことはありえない。どんなバッターでも必ず頭の移動はある。その中で、それをどれだけ小さく抑えることができるか。そのカギを握るのがステップというわけだ。

ステップの位置にラインを引く

では、理想のステップ幅とはどれぐらいだろうか。

自分自身が構えているスタンスによっても変わってくるが、最初に構えた前足の位置から1足ちょっと。1足というのは、かかとからつま先までの長さで、靴の縦幅だ。だから、おおよそ25~30センチぐらいになるだろうか。明確な基準をもうけていたわけではないが、私は1つの目安にしていた。

ボールを見逃したときに、足元を見て、ステップの幅を確認していたことがある。とくに不調が続いているときは、何度も確認したものだ。試合中、「こんなに広いステップなのか」と驚いたことも多い。そして、「ここまで広ければ、打てるわけがないよな」とフォームの崩れに気づくことになる。

ときには、フリーバッティングや試合のときに、バッターボックス内にバットでラインを引いたこともあった。「これ以上、ステップしたらあかん」と自分自身にくぎを刺すためだ。ただ、フリーバッティングでは理想のステップができても、試合になるとどうしても広くなる。まずもって、実戦のピッチャーは投げるスピードが速いため、「力負けしたくない」という意識がこちら側に働いてしまうのだ。

現役時代は、この繰り返しだった。良いときがあれば悪いときもある。コンディションが違えば、対戦ピッチャーも違う。良い状態がずっと続くわけではない。

私は2006年の終わりごろから代打に回ることが増え、翌07年からは完全に代打一本となった。試合の中盤になればスイングルームで素振りをすることがあったが、序盤はベンチに座って戦況を見つめていた。そのおかげで、バッターを横から見る機会が増えたのだ。やはり、数字を残しているバッターに共通しているのは、ステップが小さく、頭のぶれが少ないということ。そして、どんなにいいバッターでも調子が落ちているときはステップが広くなっている。横から見ていると、非常によくわかった。

13年に行われた第3回のＷＢＣ（ワールド・ベースボール・クラシック）では、打撃コーチを務めさせてもらったが、選手のバッティングをチェックするときは、できるだけ、ホームベースの後ろ側ではなく、横から見るようにしていた。このほうが、ステップ幅がわかるからだ。

試合前のフリーバッティングで、ケージの後ろから見ている監督やコーチが圧倒的に多いが、個人的な考えとしては横からの角度のほうがバッティングの技術が見えてくる。タイミングが合っているバッターは、踏み込んだときに、「あ、これは打てるな」というところまでわかるものだ。

年下ではあるが、バットマンとして尊敬している前田智徳《とものり》選手（元広島東洋カープ）はそうした打撃のお手本と言える。プロ23年間の通算打率は3割0分2厘。アキレス腱《けん》断裂という大きなケガがありながらも、２１１９本もの安打を積み重ねた。前田選手は小さなステップ幅で、頭がほとんど動かない。それでいて、あれだけのホームランを打てるのだから、見事としかいいようがない。通算２９５本塁打、３５３二塁打。05年には自己最多の32本塁打を放っている。

ケガに苦しめられながらも、現役23年間で2119本ものヒットを重ねた前田智徳選手。

強い当たりを放つための正しい構え

打者のステップが広くなる原因は、投手寄りの足だけにあるわけではない。動作をさかのぼっていけば、構えや、バックスイングで基本的にグリップが最も体から離れた位置にあるときの「トップ」にも原因がひそんでいるのだ。

だから私は、現役時代、ステップが広くなってしまったと感じたときは、ビデオを見たりしながら、1つひとつの動作を改めて確認していた。

まずは構え。「構えには個性があっていい」とよく言われる。もちろん、そのとおりだ。どんな構えであっても、バットの芯《しん》でボールをコンスタントにとらえ、強い打球を放てれば、それが自分に合った形と考えていい。

その大前提があったうえで、私なりのルーティーンを決めていた。

体全体をリラックスさせた状態で左打席に入り、初めに両足に力を入れる。足に力を入れたあと、首を回して、両目でピッチャーを見る。このときすぐにピッチャーを見るのではなく、三塁側の方向を見て、右サイドのカベを意識する。これは第1章でも紹介したところだ。

左バッターの場合は当然、右目で見ることはできるが、左目でも見えているかどうか。左目でも見える位置で、首を決めておく。そして、最後に手（バット）を構える。

この一連の流れで構えることで、猫背にならずに真《ま》っ直《す》ぐ立て、体の中心に軸を感じることができた。

この軸に関する話は、ＰＬ学園高校時代の恩師である中村順司監督（現名古屋商科大学監督）に毎日のように言われていた。ボールを投げるときも打つときも、それこそ走るときも軸を大事にしなさいと。どちらかの肩が下がっていたり、首が傾いていたりすると、軸は崩れてしまい、ベストのパフォーマンスは発揮できない。

だからこそ、まずは首を決め、真っ直ぐ立つことが大事なのだ。ここで首が決まっていなければ、もうバッティングは崩れ始めていると考えたほうがいい。バッティングとはそれほど繊細で難しいものだ。

しかし、バッターは打てない時期が続くと、どうしても「ボールをよく見よう」という気持ちが強くなりすぎて、猫背になってしまう。目をボールに近づけようとするからだ。もう、これだけで、日ごろのバッティングとはボールとの距離感が変わってきてしまい、よけいに打てなくなる。

「ボールをよく見る」は基本中の基本だが、ボールを見すぎても良くないということ。矛盾しているようだが、何事もやりすぎは悪影響を及ぼしてしまう。

ほかのバッターを見ていると、首を決める前に、首とグリップの手を一緒に構えてしまうことが多い。こうなると首の位置がずれてしまい、自分では真っ直ぐ立っていると思っていても、そうなっていないことがある。

私はさらに、右肩をピッチャーに対して真っ直ぐ向けるようにも意識していた。センターカメラから見たときに、背番号が見えるぐらい右肩が内側に入っていると、インコースが見えづらくなる。クロスに構えたり、オープンに構えたりと、バッターの個性はいろいろとあるが、私はスクエアに構えて、真っ直ぐステップする。この基本を心がけていた。

さすがに20年以上、プロで生活していると、このあたりのことは、ときに無意識になる。一気にパッと構えてしまうのだ。

でも、調子が落ちていると感じたときは、足に力を入れる、首を決める、手を決めるという順序で、改めて注意しながらやり直していた。こういった自分なりの「原点」に立ち返ることも、バッターとして大事なことだ。この「原点」がなければ、調子を崩したときに、どこに戻ればリセットできるのかがわからなくなる。つまりスランプが長引いてしまうのだ。逆に言えば、「原点」がわかっている選手は、不調の原因を見つけやすくなり、そこから脱出するのも早くなる。

そして、意外に盲点なのが、「早く構えすぎない」ということ。少年野球など小さい子どもたちを見ていると、ピッチャーがセットに入る前から、「ヨッシャ、こい！」と構えている場合がある。

気合いが入っているのはいいが、そんなに早く構えてしまったら、力みを生むだけ。これは、プロ野球選手も同じで、構えるのは遅すぎず早すぎずの適度なタイミングで構えに入るのが理想だ。

「ワッグル」と呼ばれる動きがわかるだろうか。本来はゴルフでよく使われる用語で、スイングの始動に入る前の軽い素振りのような動作を指す。これでクラブヘッドの軌道を確かめたり、肩や手首の緊張をほぐすわけである。野球の場合も同じで、バッターボックスの中で足の位置を決めたあと、構えを固める前に、バットを何度か軽く振ったり、ベースの上あたりでバットのヘッドを下にして振り子のように左右に動かしたり、各選手が思い思いのスタイルでワッグルを行っている。

私もやっていたが、あれも打席でリラックスするための1つの方法だ。ここで、グリップの感触を再確認し、ピッチャーとの間《ま》をとったりと、ルーティーンの1つとして採《と》り入れていた。このワッグルを入れずにいきなり構えてしまうと、いやな力みを感じたものだ。

広いステップの原因は軸足にあり

構えを決めたあとは、キャッチャー寄りのほうの軸足に重心を乗せて力をためる。今の若い選手に多いのは、力をためようとして、下半身と上半身の両方を右バッターなら右方向にひねりすぎてしまうことだ。こうなると、ピッチャー寄りの前の肩が内に入ってしまい、窮屈《きゅうくつ》な打ち方になりやすい。

私が常に心がけていたのは、上半身は前の肩をピッチャーに向けた状態でキープし、下半身だけをキャッチャー側にひねること。こうすれば、自然に軸足の股関節に重心を乗せることができた。軸足にしっかりと乗ることができないと、前足をストンと着くことになり、ステップが広くなることにもつながっていく。

それと同時に、いかに軸足に長く乗るかも考えていた。ピッチャー寄りの右足を上げて打つことが多かった左打ちの私からすれば、左足一本で立った状態でできるだけ長くボールを見ることができるか。そして、前足をゆっくりと粘りながら着地させる。

いいピッチャーの下半身の使い方を思い出してほしい。例えば、巨人で活躍する杉内俊《とし》哉《や》投手。軸足でしっかりと立ってから、ゆったりと体重移動を起こし、前足が着地するまでに時間がある。あれだけの時間があるからこそ、バッターはストレートに差し込まれてしまうのだ。いわゆる、「球持ちがいい」と評される投げ方だ。

これは昔からよく言われていることだが、バッターのタイミングのとり方は「1、2、3」ではなく、「1、2〜、の〜、3」だ。前足の着地までにどれだけ粘ってボールを待ち、自分のポイントまで呼び込むことができるか。

左バッターの私の感覚としては、前足である右ヒザの外側にもう1つの目がある意識で、ピッチャーが投げるボールを見ていた。右ヒザに目があると思えば、球筋を見極めるまで、右足は「ストン」と淡泊には着地しないはずだ。

もし、プロ野球がストレート1本勝負なら、「1、2、3」でも構わないだろう。140キロ以上のストレートだけにタイミングを合わせて、「1、2、3」でフルスイングができる。でも、現実はそうではない。140キロ近いフォークを投げてくるかと思えば、110キロ台のカーブもある。このような変化球や緩急《かんきゅう》に対応するためには、前足で粘りながらの着地が必要になってくるのだ。

そして、着地する前足は、足裏でペタンと着くのではなく、拇指球《ぼしきゅう》（足の親指の付け根）から着く意識を持っていた。力を入れやすい拇指球から着けば、体をしっかりと止めることができる。ピッチャー寄りのサイドにブレーキをかけて、カベを作らなければ、バットのヘッドは走っていかない。着地した前足がふらふらしているようでは、強いバットスイングは生まれないことになる。

これが、バッティング指導でよく耳にする「間《ま》」だ。足を上げてから足を着くまでに、どれだけの間を作れるかが重要だ。

理想のトップを追い求める

前足を着いて、まさに打ちに行かんとする瞬間のバットの位置が「トップ」と呼ばれるものだ。弓矢に例えるのなら、弓を引き絞って、矢を放つ直前の構えと思ってもらうとわかりやすい。ピッチャーにも通じるところだが、このトップが毎球、毎打席違う位置にあると、当然のことながらミスショットは増えていく。

私が意識していたのは、踏み出した前足とグリップの距離をできるだけ遠くに離すこと。この距離が遠ければ遠いほど、ボールをとらえるまでの距離が生まれ、強い力を加えることができる。「割れ」とも呼ばれる動きで、打てるバッターが共通して持っている技術だ（84ページの図参照）。

変化球に泳がされたときにでも、この「割れ」ができていれば、まだ対応することが可能だ。最も避けなければいけないのは、泳がされたときにグリップまでピッチャー寄りに出ていってしまうこと。こうなると、強くバットを振ることは不可能となる。

まず、長打を打ちたければ、この割れをしっかりと作ること。キャッチャー側に手を引く動作の「バックスイング」にもつながっていく話だ。ここである程度の反動を作っておかなければ、強く速いスイングを生み出すことはできない。

ただ、勘違いしてはいけないのは、前足から遠くに離そうとして、グリップを背中の後ろにまで引いてしまうことだ。これはプロ野球選手でも見かけること。グリップが背中側に入ると、バットがスムーズに出てこない。インコースを打つには体を開いて、バットの通り道を作るしかないことになる。

トップに入ったときに、ピッチャーの位置から見てグリップが体に隠れてしまうようなバッターは、背中側に入りすぎていると考えていいだろう。いいバッターはピッチャーから手が見える位置にあり、バットを出す空間とも言える「懐《ふところ》」を広くしている。

懐にゆとりがなければ、インコースをさばくことは難しい。現在のプロ野球で、最高の右バッターとも称される内川聖一選手（福岡ソフトバンク）は、このあたりの懐の作り方が非常にうまい。

ときに私は、インコースを狙い打つこともあったが、そんなときはトップの位置を、普段の位置からややホームベース寄りに変えていた。体の近くから少しだけ離すイメージだ。大きく変えると、狙い球がバッテリーにばれてしまうので、ほんの気持ち程度。わずか数センチだとは思うが、それだけで懐が広くなり、インコースに対してスムーズにバットが出たものだ。

そして、「割れ」でいちばん大事なことは一瞬でもいいので、「パッ」と止まる動きがあること。私なりの表現を使わせていただければ「流さない」となる。時間にしたら、コンマ数秒の世界だろうが、調子がいいときは「パッ」と止まっている感覚があった。「割れ」がしっかりできずに流してしまうと、打ちにいく準備が曖昧《あいまい》になり、毎球違う打ち方にもなりかねない。

トップを作ったときのバットの角度も重要となる。結果を残しているバッターを見ると、ピッチャー方向にヘッドを傾けたバットがおよそ45度の角度になっていることが多い（84ページの図参照）。私もヒットを打っている打席の映像を見ると、45度に近い角度だった。ここでヘッドが立ちすぎて（垂直に近くなって）いると高めのボールを振るのが窮屈になり、寝ていると低めが打ちづらくなる。どのコース、高さにも対応していくために、45度が理想のトップとなっていく。

どうしてもうまくトップが作れないときは、バスターを採り入れる方法もある。代表的

⚾「割れ」とバットの角度

「割れ」への推移

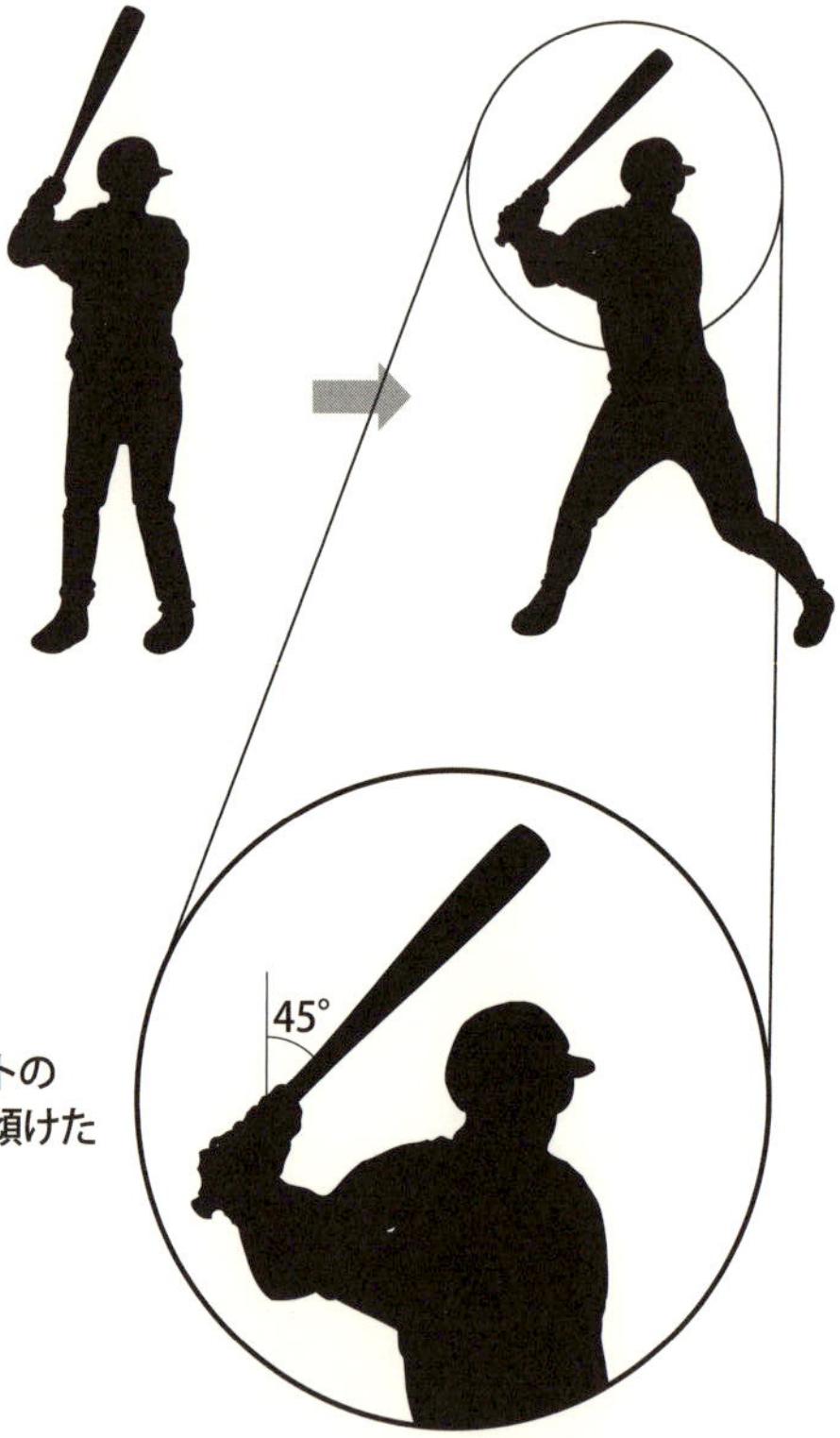

トップのバットの
角度は45度傾けた
状態が理想

「割れ」は、前足と後ろの手の距離が最大限に離れた状態。その瞬間のバットヘッドの角度は、ピッチャー方向へ45度に傾けた状態が理想的。このバットの位置がいわゆる「トップ」となる。

なところでは、福岡ソフトバンクの細川亨《とおる》選手だろう。彼は普段のバッティングでも、バントの構えからのバスターのようなスタイルで打っていることが多い。

バントの構えからトップに持っていくと、バットが背中の後ろまで入るのを防ぐことができる。ここがバスター打法のいちばんの利点と言える。ただし、反動は使いづらいため、長打は生まれにくく、ミート中心のバッティングになる。

また、バスター打法をするときに一本足で打つバッターはいない。少なくとも、私は見たことがない。たいていが、すり足かノーステップに近い形で打っているはずだ。足を上げる動作が小さくなるので、ステップ幅が広くなるのを防ぐこともできる。ただ、やはり下半身の体重移動を使いづらくなるので、長打は出にくいと言える。

しかし、打順によって役割は違うもの。細川選手は下位を打つことが多い。ソフトバンクの場合は、柳田悠岐《やなぎたゆうき》選手や李大浩《イ・デホ》選手、松田宣浩《のぶひろ》選手のように長打が期待できる選手がしっかりとそろっている。そうなると、下位打線で必要になるのは上位へのつなぎであったり、簡単にはアウトにならない粘り強さ。打線の中での役割分担という意味で、コツコツとミート中心で打つバッターがいると、ピッチャーにとってはいやなラインナップになるだろう。

「インサイドアウト」の重要性

私は、トップからのヒジの使い方が、子どものころから柔らかかったように思う。誰に教わるわけでもなく、後ろのヒジを柔らかく使い、ミートポイントまでバットを持ってくることができたのだ。たとえ、トップがうまく作れたとしてもヒジをうまく使えなければ、ボールを的確にミートすることはできない。

私は、後ろのヒジを、体の近くに通していくことを意識していた。具体的に言えば左胸のあたり。ちょうど、ユニフォームの前面に書かれている「3」の位置にまで左ヒジを落としていく。そこからヒジを支点にしてムチのように使うことで、バットのヘッドを走らせることにもつながっていた。

これが体から離れると、いわゆる「ドアスイング」になってしまう。ドアがパタンと開閉するように、バットのヘッドが体の外を大きく回る。

この軌道ではインコースはまず打てない。ましてやインコースに食い込んでくる変化球に対してはお手上げ状態となる。

私のような左バッターであれば右ピッチャーのカットボールやスライダー、左ピッチャーのツーシームやシュートだ。出会い頭でのヒットがあったとしても、シーズントータルで考えると、打率を残すことは難しい。

体に食い込んでくるボールをさばこうとしたら、バットをいかに体の近くから出せるかがカギとなる。バッティング用語で言えば、「インサイドアウト」となる。ヒジをたたんで体の近くからバットを出し、ボールをとらえたあとのフォロースローを大きくする。これも昔から言われる、「後ろ小さく、前大きく」という考えだ。ピッチャーのトップからリリース、フォロースルーまでの動きと似ている。

この後ろのヒジの使い方を学ぶために、タオルを使って素振りをしたこともある。私の場合、左手にタオルの端を持って、バッティングと同様にスイングする。ヒジから始動させて、タオルがムチのようにしなれば使い方としては合格だ。ドアスイングの選手は、ヒジが体の近くに入ってこないため、どうしてもしなりがゆるくなってしまう。

ヒジのたたみがうまいなと感じるのも、やはり内川選手だ。内川選手はバットヘッドをピッチャー方向に45度以上傾けている。一般的に考えれば、傾けすぎと言っていいだろう。ところが、内川選手はあの角度からどのコースにもスムーズにバットを出しているのだ。

その秘密はヒジの柔らかさにある。もっと言えば肩甲骨《けんこうこつ》だろう。普通の選手であれば、あの打ち方でボールをとらえるのは難しいはずだ。内川選手ならではのバッティング技術と言うことができる。ここでよく起きる誤解が、ヒジをたたもうとしすぎてしまい、トップからわざわざグリップを体に近づけてしまうことだ。「割れ」でトップを作ったあとは、トップの位置から一気にバットを振り出す。トップからグリップを体に近づけているようでは、長打はなかなか生まれない。

これに悩んでいるのが、高橋周平選手（中日）だ。ドラゴンズのOBとして、また私が現役時につけていた背番号3を15年から背負うということもあり、活躍を期待している選手の1人なのだが、トップから一度、グリップを体に寄せてしまうクセがある。トップから反動を入れて、そのままスパンと振り出すことができるようになれば、打率もホームランも間違いなく伸びていくはずだ。

インサイドアウトを習得するためにはボールの見方も大事になってくる。私は「ボールの内側を見る」という意識を常に持つようにしていた。内側を叩こうと思えば、バットが自然に体の近くから出るようになるからだ。

しかし、内側を叩こうとするあまりにヘッドがボールに負け、振り遅れたような状態となって逆方向に力のない打球が飛ぶようでは意味がない。大前提として、ヘッドをきかせることを忘れてはならない。「ヘッドを走らせる」と表現を変えてもいいだろう。

バットの軌道としてはインサイドアウトに加えて、「上から」ということも頭に入れて

7年連続3割を記録し、侍ジャパンでも主力の内川聖一選手。ヘッドが45度以上傾く。

いた。言葉にするならば「上から内から」だ。上からだけでは軌道としては未完成で、内からだけでもダメということだ。「上から内から」バットを出すために、軽くトスされたボールに対して、ボールの中心よりもやや下にダウンスイング気味にバットを入れてバックスピンをかける練習をやっていた。このスイングで、真上にフライが上がるように打つのだ。極端なアッパースイングですくってフライを打ち上げるやり方ではない。バックスピンで、できるだけ高いフライを上げるにはどうしたらいいか。「下から外から」の軌道では、バックスピンのかかったフライはなかなか上がらない。

ときに空振りをすることもあったが、これは「上から内から」を体に覚えさせる訓練の1つ。バットが下から出ているな、ドアスイング気味だなと思うことがあれば、修正するために取り組んだものだ。

ヘッドを立ててボールを打つ

若いころ、まわりの人に指摘されて気づいたことがある。

「バットを握る右手と左手が離れているぞ」

どういうことかと言えば、構えからバックスイングに入ったときに、右手と左手のあいだに隙間《すきま》があった。ボールをとらえるときも、指1～2本分、両手が離れていたのだ。

じつは、自分の中ではまったく意識していないことだった。なぜ、こうなったかというと、後方の左手は力を入れてバットを握っていなかったからだ。イメージとしては、左手は添えるだけ。もちろん、ボールをとらえるときには本能的にグッと握ってはいるが、構えの段階ではまったく力を入れていなかった。

無意識ではあったが、利点もあった。右手と左手が離れた状態で打つと、ヘッドが立ちやすくなるのだ。左右の手のあいだがあく分だけ、ヘッドの重みに負けにくくなり、ヘッドを立てた状態で打つことができた。「ヘッドが立つ」とは、ボールをとらえるときに手首よりも上にヘッドがある状態を指す。低めを打つときも、この感覚だ。手首よりも下がってしまうと、間違いなくボールの力に負けて、ヒットにはなりにくい。

一方では、両手のあいだがあいていることのデメリットもあった。ヘッドが早く返りすぎて、ボールを引っかけたり、こねたりしてしまい、セカンドゴロやファーストゴロになったのだ。

結局、指摘されたあとに、意識してあかないように修正した。

プロ野球でグリップをあけて打っていた選手と言えば、中日でともにプレーした彦野利《ひこのとし》勝《かつ》さんだ。おそらく、ヘッドを立てて、ボールの勢いに負けないようにしていたのだと思う。

バットの握りは様々な考え方があると思うが、私が意識していたことは小指、薬指、中指の外側3本の指で握るということだ。剣道の竹刀《しない》も同じように握るそうだが、外側を意識すれば、自然に脇がしまってくる。

そして、手のひらの近くではなく、指の第一関節、第二関節を使って握る。指で握ったほうが、手首を柔らかく使え、バットコントロールしやすいという狙いがある。

ただし、構えた段階からグッと握ってしまっていては全身に余分な力が入り、逆効果となる。できるだけ力を抜いておき、ボールをとらえる瞬間に最大の力が入るようにしておく。この瞬間に力が入るからこそ、グリップ側に支点が生まれ、29ページでも解説したように、てこの原理でヘッドがきれいに走っていくのだ。最初から強く握っておくと、インパクトの瞬間には力が抜けてしまい、支点としてのグリップが役目を失ってしまう。

言うまでもなく、バッティングとはバットでボールを打つことを言う。いかにバットをうまく使うか。握り1つで、バッティングは変わっていく。

バットを握るという意味では、皮手袋（バッティンググローブ）も重要な意味を持つ。高校時代は手袋をしてのバッティングを禁止されていたので、素手で打っていた。

プロ入りしてからは手袋をつけるようになったが、自分のこだわりは、小さくて、革の厚みが薄いもの。素手と同じ感覚で打ちたかったからだ。あまりに薄いので、手から外すときに破れることがあったほどだ。普通に打っていても、1打席で破れることも珍しくはなかった。私よりも上の年代の方の中には「素手で打て！」と言う方もいるが、手袋をしたほうがバットをしっかりと握ることができ、力が入る感覚がある。いいバッティングを目指すことにおいて、手袋の存在は欠かせない。

ヘッドを加速させてミートポイントでとらえる

最近は、バッティング指導の1つとして「引きつけて打ちなさい」「ミートポイントを体の近くにしなさい」という言葉をよく聞く。ツーシームやカットボールのような小さく曲がる変化球が増えてきたため、体の近く、わかりやすく言えばキャッチャー寄りまで呼び込んでとらえたほうが球の変化に対応しやすいという考えだ。

ただ、私の考えるミートポイントは、どのボールを打つにしても1つだ。それは、26ページでも説明したが、前足（ピッチャー寄りの足）のつま先の延長線上。実際にはそこからずれることもあるが、常に意識だけはしていた。そのポイントよりも体の近くにボールを入れたくなかったし、それよりピッチャー寄りでとらえるのも極力避けたかった。

理由としては、ヘッドが加速していき、ボールを強くとらえられるポイントがそこということ。体の近くにボールを迎え入れすぎてしまうと、ヘッドが加速する手前で打つことになってしまう。パワーがある選手であればそれでも飛ばせるかもしれないが、体の小さな私は力負けするのが目に見えていた。

では、前足の先でとらえるにはどうしたらいいいか。

それは、今まで紹介してきた理論を打席の中で実践していくしかない。間《ま》がうまくとれていなければ、ボールに差し込まれてしまい、体の中にボールを入れざるをえなくなる。前足のステップが広ければ、自らボールとの距離を詰めることになり、ミートポイントが狂ってくる。なにか1つでもズレが生じると、結局は理想のポイントでボールをとらえることができないということだ。

好調時の坂本勇人《はやと》選手（巨人）は、このあたりの間の作り方が非常にうまい。だから、変化球でタイミングをずらされても、体を残しつつバットでボールを拾うことができるのだ。足を上げる特徴的なフォームを崩されながらも、下半身で粘ってヒットにする。彼の打席で、そんなシーンを目にしたことがあるファンも多いのではないか。坂本選手のことは第3章でも詳しく紹介したい。

バッテリーはバッターのタイミングをいかにずらし、バッティングをいかに崩すかを考えている。18・44メートルの中で、常にその攻防が繰り広げられているわけだ。

坂本勇人選手の長打力の源《みなもと》は、軸足にしっかり体重を乗せてボールを待てる技術だ。

ストレート狙いこそが長く活躍できる秘訣

引退を覚悟した選手が「ストレートが速く感じてきた」と口にすることがある。動体視力や身体的な衰えが関係していると思うが、じつは私は一切感じたことがなかった。若いときからストレートには絶対の自信を持っていて、それは晩年、代打に回っても変わらなかった。もちろん、若いときよりは体のキレは衰えてきているが、「これは速いな、無理だな」と思ったことはない。

それにはいくつかの理由が考えられる。

まず1つは、ストレートを速く感じてしまうのは動体視力の問題ではなく、ステップに問題がある場合が多いということ。繰り返しになるが、ステップが広くなるとボールに自ら近づいていくことになり、実際の球速以上に速く感じてしまうのだ。

こうなると、間《ま》をとれない。体の近くにボールが入ってしまうので、なんとかボールとの距離をとろうとして体がのけぞるような形になってしまう。これが内野への凡フライになったりすると、よけいに「速いな」と感じてしまいがちだ。

もう1つ、狙い球の問題がある。私はデビューのころから引退するときまで、基本的にはストレートを狙い続けていた。変化球が多いピッチャーだったり、ある程度の配球が読める場合は変化球を狙うこともあるが、基本はやはりストレート。その中で、変化球にも対応できるような練習を重ねてきた。

なぜ、ストレート狙いなのか？　当たり前のことだが、ゆるい変化球を待った状態で140キロ以上のストレートに対応するのは至難の業《わざ》。しかし、速いストレートに合わせておけば、ゆるい変化球にはなんとかついていくことができる。もちろん、ピッチャーとのタイミングがとれて、「間」を作れていることが大前提にはなる。

さらに、私の中には、「ストレート狙いで打てる選手でなければ、プロでは長生きできない」という思いが強くあった。誰かに言われたわけではなく、自分の感覚としての話だ。なぜなら、変化球ばかり狙っていると、始動が遅くなってしまうから。自分で気づいていればいいが、知らず知らずのうちにタイミングを合わせるのが遅くなる。変化球狙いの習慣が身についてしまうと、ストレートを狙っているときでも差し込まれることが増えていく。

結局は、どんなにいいスイングをしていたとしても、タイミングが合わなければボールをとらえることはできないし、フルスイングもできない。ピッチャーが投じる生きた球を打ってなんぼの世界。ピッチャーがテイクバックに入ったときに、バッターである私もバックスイングをとる。この動きを一緒にすることで、タイミングをとろうとしていた。

現役引退まで、私はストレートを打つことにこだわり続けた。ピッチャーが渾身《こんしん》の力を込めて投げてくるストレートをいかに打ち返すか。これこそが、バッティングの醍醐味《だいごみ》とも言える。

代打になってからは、わずか1打席の勝負。この中で打てるチャンスがあるボールは1球あればいいほうだ。とくに、終盤の代打での起用が多かったため、毎日のようにセットアッパーやクローザーと対決していた。彼らのストレートはほぼ例外なく速い。スピードだけには負けないようにと、試合前のフリーバッティングのときからバッティングピッチャーに通常よりも5メートルほど短い13メートル程度の距離から速い球を投げ込んでもらっていた。こうして、目を慣らしておくだけでも試合での反応がだいぶ違ったものだ。

もし、プロ・アマを問わず現役のプレーヤーがこの本を読んでくれているとしたら、まず、いかにストレートを打つかを考えてほしい。そして、次の段階としてストレート狙いの中で変化球に対応できるかを考えてほしい。

今は配球を読んで打とうとする若い選手も多い。相手ピッチャーのクセをさがすことに、力を入れている選手もいる。確かにそれも大事なことだが、「ストレート狙いの中で対応できないと、プロで長くは生活できないよ」と伝えたい。本書の対談に協力してくれた高橋由伸選手も同じことを話していた。

私の場合、クセを見つけるのがヘタだった。チームメイトから「ほら、あのときのグラブの角度が違うでしょう」と言われても、「え、どこ?」という感じだった。見える人には見えるが、見えない人にはまったく見えないことが多い。また、クセを見ることばかりに集中してしまい、肝心のピッチャーとのタイミングがずれることもあった。そのため、よっぽどわかりやすいクセでない限りは、「クセを見て打つ」ということはしないようにしていたのだ。もしかしたら、クセに頼らなかったことも、長くプレーできた秘訣かもしれない。

バッターは、かかと重心になったら負け

バッターがいちばんいやなことは、詰まることだ。とくにインコースのストレートやカットボールに詰まらされることをなによりも嫌う。バットが折れるようなことがあると、ピッチャーとの対戦に完全に負けたような気分になってしまい、さらに手にしびれが残ったときなどは、次のイニングの守備にまで悪影響が及んでしまう。

インコースのボールは非常にやっかいだ。バットの構造を考えればわかるが、バットには80数センチの長さがあり、いちばん飛ぶところの芯部分はグリップエンドから離れたところにある。なおかつ、人間には腕の長さがあるため、インコースを芯で打とうとすると、ヒジをたたむ技術が要求されるのだ。これが簡単なことではない。また、体に近いため、

頭のどこかでデッドボールへの恐怖心を感じてしまう。

そこで、「インコースを打ちたい」「インコースを狙ってやる」と思えば思うほど、バッターは、かかと重心になりやすい。かかと重心になると、結果的に開きが早くなることにつながり、バットの軌道もドアスイング。アウトローのストレートがいつもよりも遠く感じることにもなる。裏を返せば、バッテリーがインコースを使うのは、バッターをかかと重心にするためとも言える。アウトコース一辺倒であれば、バッターは容易に踏み込むことができ、簡単にミートすることができる。それがたとえアウトローであったとしても、インコースに来る恐怖感がなければ、プロのバッターであれば対応できる。

私は一般的には苦手にするバッターが多い「左対左」が、そこまで悪い数字ではなかった。というより、むしろ右ピッチャーより打っていたぐらいの感覚だ。

そのいちばんの理由は、まずなによりも、背中側から来るボールから逃げなかったことが大きい。とくに左バッターがいやがるのが、ワンポイントリリーフで出てくる左のサイドスロータイプ。私の現役時は、ジェフ・ウィリアムス投手（元阪神）や遠山奨志《とおやましょうじ》さん（元阪神など）らがいた。左バッターの背中のほうからボールが来るため、踏み込もうと思っても、びびってしまえばどうしても躊躇《ちゅうちょ》してしまう。いつもよりも踏み込みが浅くなると、アウトコースを遠くに感じることになる。このあたりは技術というよりは、気持ちの問題だ。デッドボールを怖がらずに、しっかりと踏み込んで打ちに行くしかない。

私がそれをできたのは、体の近くに来たボールをよけるのがうまかったからかもしれない。これもプロの技術の1つと言っていいだろう。バッティングフォームでは避けたい「体の開き」の話にもつながっていくが、胸のユニフォームのチームロゴが早くピッチャー方向に向くバッターは、向かってくるボールに体が正対してしまうため避けようがない。

一方で後ろにグリップが残り、前述の「割れ」の形がしっかりとできていると、半身の体勢からとっさに避けることができるのだ。

現役生活の中で、いちばん危なかったのは、ウィリアムス投手のすっぽ抜けたストレートが頭の近くに来たときだ。とっさに出した右手に当たった記憶がある。そのままひっくり返って倒れてしまった。よけるのがへたなバッターなら、頭に当たっていただろう。

そして、デッドボールのあとの次のウィリアムス投手との対戦もよく覚えている。「絶対に逃げないぞ！」と自分に言い聞かせて臨《のぞ》み、外のストレートに対してしっかりと踏み込んでレフト前へのヒット。あのときは、自分でもよく逃げずに打ったなと思う。

ただ、相手バッテリーの心理を考えると、「一度当てているんだから、次にインコースの厳しいところはないだろう」と読むことができる。あとはいかに恐怖心に負けずに、踏み込んでいけるか。そこはもう自分との勝負だった。

守備位置から見えるバッティング技術

代打に回るまでは、ショート、セカンド、レフト、サードを守り、守備位置から数えきれないほどのバッターを見てきた。守りからも、バッターの好不調が見えたものだ。セカンドを守っていたとき、調子がいい左バッターほどゴロが飛んでくることが少なかった。右中間へのライナーや、ゴロでも強い打球で、一、二塁間を抜けていく当たりが多い。一方で、調子が落ちているバッターは、体の開きが早くなり、バットの軌道もドアスイング。結果的に、左バッターならセカンドへのゴロが増える。「これは飛んできそうだな」と、調子の良し悪《あ》しがなんとなくわかることがあった。

サードを守っていたときの宮本慎也選手は、「阪神の（マット・）マートンの打球が怖い」と前著『攻撃的守備の極意』の対談のときに話していた。好調時のマートン選手はスイングのときにユニフォームの胸のロゴがギリギリまで見えてこない。見逃すのかなと思ったタイミングで、スパンとバットを振り出し、三塁へ強烈な打球を飛ばしてくる。確かにあの打ち方をされると、サードは怖くて仕方がないだろう。守備をしながらも、「やっぱり、いいバッターの打ち方は共通点がある」「割れが大事だな」と教えられることも多かった。

第3章

「強打者別」に学ぶ長打を放つ秘訣

度肝を抜かれた清原和博さんのフリーバッティング

この章では、プロ野球界で活躍する強打者たちの技術に迫ってみたい。

紹介するプレーヤーは、近くメジャーリーグ入りを狙うような超一流選手もいれば、次代の日本球界を担う勢いのある若手もいたりと、非常にバラエティーに富んだ顔ぶれになっていると思う。

まずは、今も私の心に残る「スラッガー」からお話ししたい。

私の野球の原点は、大阪府富田林《とんだばやし》市にある母校・PL学園高校にある。もちろん、小学校時代から少年野球のチームに入ってはいたが、プロでなんとかやっていけるだけのものを身につけられたのは、PL学園時代であることは間違いない。

規律正しい寮生活の厳しさの中で、耐えること、我慢することを学び、野球選手として仲間とともに目標を達成する喜びも知った。PL学園のOBがプロ野球で数多く活躍しているのは、高校時代に厳しさを経験していることが大きいのではないだろうか。

入学直後の春、今でも忘れられない光景がある。

2つ上の清原和博さんが、気持ち良さそうに打っていたフリーバッティングだ。スイングスピード、飛距離、オーラ……。なにもかもが違った。言葉で表すのなら「半端じゃない」。こういう人が、本当のホームランバッターというのだろうと思ったものだ。テレビで何試合も見ていたので、清原さんのすごさはわかっていたつもりだったが、目の前で見ると、想像以上だった。

噂《うわさ》で聞いた話だが、清原さんがあまりにホームランを打ちすぎるため、ボールがグラウンドの外に飛び出してしまい、危ない。そこから、練習のときは飛距離が出にくい、竹と木の合成バットを使うようになったという。それでも、清原さんの打球はお構いなしにフェンスを越えていたのだが。

この合成バットは、金属バットよりも芯《しん》の範囲が狭い。私も高校時代に3年間使い続けたからわかるが、本当の真芯でしっかりとミートしなければ飛んでいかない。また、金属バットのときのように「ガツン!」と衝突させるだけでは飛ばなかった。体の近くから出したヒジで支点を作り、バットをしならせることで打球を飛ばす。合成バットで打ち続けたこともあり、プロに入ってから木製バットを使っても、なんら抵抗なく切り替えることができた。

金属バットは、少々ドアスイングでも飛んでいく。硬い金属と硬いボールが当たれば、軌道が悪かったとしてもごまかすことができるのだ。でも、木製バットや合成バットになると、ごまかしがきかない。私自身、この合成バットで、知らず知らずのうちにバッティングの基本が身についたのだと思っている。

中田翔《なかたしょう》はもう少し手を動かせば、もっとホームランを打てる！

私が期待をかけて見ているスラッガーが、中田翔《なかたしょう》選手（北海道日本ハムファイターズ）だ。ＷＢＣで打撃コーチを務めたときには、バッティング論について話し合う機会も多くあった。

間違いなくケタ違いのパワーを持っていて、バットを振る力もじゅうぶんにある。２０１４年までプロ６年間で１０６本塁打。普通の選手であれば悪くない成績と言えるが、彼の本当の力はこんなものではない。12年からの本塁打数は24本、28本、27本。なかなか30本のカベを越えられない。ある一定期間は調子がいいが、一方では必ずと言っていいほどバッティングが崩れていく時期がある。このスランプの期間を少しでも短くしていきたいところだ。

個人的に感じることではあるが、もう少し、グリップを握る手を動かして、反動を使ってもいいのではないだろうか。手が止まってしまっているので、アウトコースに対し、強

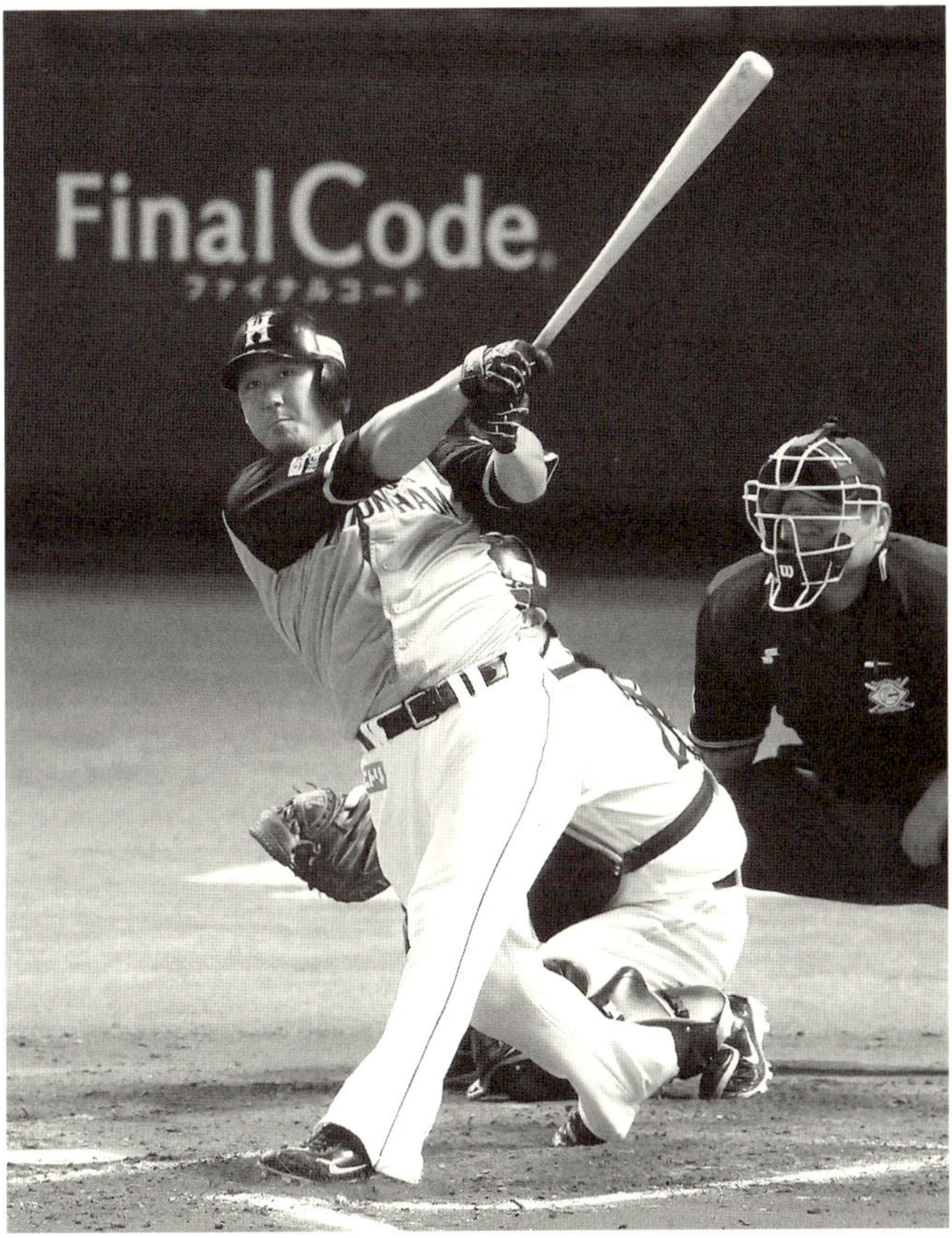

2014年ポストシーズンで4試合連続本塁打を放った中田翔選手。さらなる成長を期待。

い力をかけることができない。手を動かしてボールとの距離をとれるようになれば、逆方向にもホームランが打てるようになるはずだ。

14年のクライマックスシリーズでは、4試合連続ホームランという離れ業《わざ》をやってのけた。プロ野球新記録になるそうだ。

このことからもわかるように、これぐらいの力は持っている男だ。ホームランを打っている映像を見ると、やはり、ボールを呼び込む形がいい。振る力とスイングスピードは備えているだけに、あとはここだけ。

いかにピッチャーとのタイミングを合わせて、間《ま》を作り、自分のポイントまで呼び込むことができるか。この技術さえ習得できれば、40本打ってもおかしくない選手だ。15年こそ、ホームラン王を獲らなければいけないだろう。

鳥谷敬《たかし》は好打者だが、引っ張る強さを備えればさらなる高みに

出塁率の高い好打者として評価されているのが、阪神でクリーンアップを任されている鳥谷敬《たかし》選手だ。

早稲田大学卒業後、プロ入り1年目からショートとして活躍し、2年目以降は10シーズ

ン連続で全試合出場を果たしている。14年は自己最高となる打率3割1分3厘をマークし、自身3度目となる3割超えを果たした。

鳥谷選手の特長は出塁率の高さにある。3割台後半であれば高いと評価される出塁率において、プロ通算の出塁率は3割7分2厘。2011年にはリーグトップの出塁率3割9分5厘、さらに2013年と14年は、自身初の出塁率4割超えを記録している。

これだけ高い出塁率を保てる理由は、選球眼の良さにある。11年から3年連続で、セ・リーグ最多の四球を獲得しているのだ。鳥谷選手はステップが狭く、トップが深い。つまりグリップがキャッチャー寄りにあるのが特徴で、これがボールを手元まで呼び込めることにつながっている。つまりは、ボールを長く見ることができているのだ。

思い起こせば、13年のWBC2次ラウンドの台湾戦。崖っぷちに追い込まれた日本を9回2アウトから救ってくれたのは、鳥谷選手の二盗だった。このときになんで出塁したかというと、フォアボール。ボール球をきっちりと見極め、あの場面ではヒットと同等の価値を持つフォアボールをもぎ取った。

ただ、鳥谷選手には課題もある。ここからさらにもう1段階上のレベルを目指すとなれば、ぜひとも身につけてほしい技術について解説したい。

それは、ライト方向に強く引っ張るバッティングだ。トップが深いことと紙一重ではあるが、彼はバックスイングをとるときに、手が背中側に入るクセがある。グリップが体の後ろへ隠れてしまう。

こうなると、アウトコースを流す分にはいいが、インコースはバットを出す空間とも言える「懐《ふところ》」がなくなるために強く引っ張ることができない。実際に、インコースをライト線へ引っ張るようなバッティングをほとんどしないのだ。いや、今のフォームではできないと言ったほうがいいかもしれない。

それでも、これだけの打率、出塁率を残しているので、今のままでいいという声もあるだろう。しかし、もうベテランと呼ばれる日も近い。インコースを強く叩く威圧感もほしい時期に来ている。

というのも、バッテリーから見たときにインコースを引っ張れないバッターには怖さを感じないのだ。ファウルでもいいので、ライト線へガツンと運ぶと、「ちょっとでも甘く入ると打たれてしまうな」と、バッテリーに恐怖心をいだかせることができる。そうなると、人間はより慎重に投げようと思うもの。これが、よけいな緊張感を生み、結果として腕が振れなくなる場合がある。

強打者に手痛い一発を食らったピッチャーが「吸い込まれるように、甘いところに投げてしまった」というコメントを残すことがあるが、それはバッターから感じる「怖さ」も理由の1つだろう。

鳥谷選手が今持っている技術と選球眼に、インコースを引っ張る強さが加われば、鬼に金棒。間違いなく日本を代表する左バッターに育っていくはずだ。

左右の若手のいち押しは山田哲人《てつと》と森友哉《ともや》

今、最も旬《しゅん》な右バッターが山田哲人《てつと》選手（東京ヤクルト）。大阪の履正社《りせいしゃ》高校出身で、プロ3年目の13年シーズン途中からレギュラーに定着し、14年は日本人右打者のシーズン最多記録となる193安打、29本塁打、打率3割2分4厘。文句のない成績をおさめた。侍ジャパンにも選出され、球界を代表する若手と呼んでいい。

彼はステップが狭く、間《ま》のとり方がうまい。いったんバットを肩にかつぐように寝かせておいて、始動と同時にピンと垂直に立てる独特のフォームだが、あれはあれでトップからインパクトまで無駄なく振りきれているので問題ない。むしろ、個性的で彼の魅力につながる。そして、バッターにとって大事な積極性も持ち合わせている。15年シーズンはどの球団もかなり研究してくるはずで、インコースへの厳しい攻めも増えることは想像に難くない。そのときにどう対応するか、注目だ。

山田選手のようにパンチ力のある1番打者が育てば、ヤクルトとしてはもちろん、侍ジャパンとしても大きな戦力となる。やはり、プレイボール直後にホームランを打てる1番打者がいるというのは、バッテリーにとって、いやなものだ。しかも、山田選手はファーストストライクから迷いなく振れる。立ち上がりが不安なピッチャーであれば、なおのことプレッシャーを感じてしまうだろう。

左バッターなら森友哉《ともや》選手（埼玉西武ライオンズ）だ。大阪桐蔭《とういん》高校から入団し、ルーキーイヤーの14年に6本塁打。放ったヒットが22本なので、このうちおよそ3分の1がホームランということになる。この6本も3試合連続ホームランあり、低めのフォークをすくい上げたホームランありと、内容が濃い。これから、どんなスラッガーになっていくのか、非常に楽しみだ。

技術的なことを言えば、若いにもかかわらず、大きく直すところがない。しっかりとボールを呼び込めて、自分のタイミングでのスイングができている。構えが前かがみすぎるのが少し気にはなるが、本人はあのほうが力を出しやすいのだろう。

これから対戦を重ねていくことで、縦の変化など高校時代には見たことがないキレのある変化球に遭遇《そうぐう》するはず。1つの球種を気にしすぎることで、バッティングが崩れることがよくある。森選手はまだこのようなカベにぶつかっていないのではないか。そしてそれをどのようにして乗り越えていくのか。カベを越えることができれば、阿部慎之助選手以来の「打てる捕手」になるのでないだろうか。

また、西武がどのような起用をするかも興味深い。ディフェンス面においては、経験もあり盗塁阻止率が高い炭谷銀仁朗《すみたにぎんじろう》選手のほうが上で、森選手はインサイドワークを含めてまだまだ勉強中。キャッチャーというポジションは、守備に対するウエイトも高いため、そこに頭を使いすぎてバッティングに悪影響が出てしまうこともある。強打のキャッチャーになれるかどうかは、ディフェンス面がカギを握るかもしれない。

前田智徳、稲葉篤紀《あつのり》、山﨑武司《やまさきたけし》さん…匠《たくみ》の技が光った打者たち

同じ左バッターとして、私がお手本にしていたのが73ページでも紹介した前田智徳選手だ。ステップして、ボールを呼び込む形が素晴らしい。高橋由伸選手と同様に、現役時を通じてステップが広くなったことがないように感じる。そして、トップからインパクトまでの速いこと。無駄な動きが一切ないため、一瞬でインパクトまで持っていける。スイングスピードがいくら速くても、トップから素直にバットを出せなければ意味がない。

守備につきながら、「いいバッティングするよなぁ」と思いながら、前田選手を見ていた。

どちらかと言えばアッパースイングの軌道に近いが、ネクストサークルでは上から叩きつけるような素振りを繰り返していた。前田選手もまた「上から内から」の意識があったのではないだろうか。

余談だが、ネクストバッターズサークルでの動作は、そのバッターがなにを意識しているのかが、非常にわかりやすい場所だ。試合の打席と同じようにスイングしているバッターもいれば、まったく違う動きをしているバッターも多い。球場で見る機会があれば、ぜひネクストバッターズサークルにも注目をしてほしい。

14年限りで現役を引退した稲葉篤紀《あつのり》選手（元北海道日本ハム）は、40歳を迎える12年に、プロ野球史上39人目の2000本安打を達成した。ヤクルトと日本ハムで10年ずつプレーしているが、年齢を重ねるにつれて、バッティング技術が向上してきた印象がある。06年からは4年連続で打率3割を超え、07年には打率3割3分4厘で初の首位打者を獲得している。二塁打数429は日本歴代5位で、14年までの現役選手の中では1位の数字だ（現在の現役1位は、中日の谷繁元信選手兼任監督の391）。技術的に優れている点は、低めを打つときにでもヘッドが立っていることだ。低めはどうしてもヘッドが寝てしまいがちだが、稲葉選手はヘッドを立てたままボールをとらえることができる。低めに落ちるカーブを札幌ドームのバックスクリーンに運んだり、ヒザ元のスライダーをライトスタンドへ放り込んだりと、芸術的なホームランを目にしてきたが、ヘッドを立てて打てる技術があってこそと言える。

13年のWBCでは選手とコーチという立場で、初めて同じチームで戦わせてもらった。シーズン開幕前ということもあったのか、あるいは年齢的な体の衰えか、決していい状態ではなかった。その原因はなにかと言えば、左バッターの彼が投球に対して右足を上げたときに、グリップの手が後ろへ動いていないことだ。いつもであれば、右足を上げる動きに連動して、手が動く。これによって上半身と下半身のバランスがとれ、トップの形がきれいに決まっていたのだ。しかし、WBCのときは手の動きが少なかった。

本人と話してみると、それを自覚しているようだった。でも、あれほどの経験豊富なベテランになっていても、修正ができない。本人の中にも、わかっていても修正できないもどかしさがあったのではないだろうか。

13年に現役を引退した山﨑武司《やまさきたけし》さん（元中日など）とはおよそ15年、ドラゴンズで一緒にプレーさせてもらった。高卒でドラゴンズに入団したのが1986年オフのこと。9年目（95年）に66試合で16本塁打を放つと、翌96年には自己最多の39本塁打でホームラン王に輝いた。そして、山﨑さんがすごいのは05年に東北楽天ゴールデンイーグルスに移ってから、さらにすご味を増したことだ。プロ入り21年目（07年）に43本塁打、108打点で

39歳で本塁打王と打点王に輝くなど、年齢を感じさせない活躍を見せた山﨑武司さん。

二冠を獲得。山﨑さんが39歳の年だ。自分が39歳のときを振り返ってみると、信じられない偉業と言える。

山﨑さんは手の使い方に大きな特徴があった。足を上げたときに、グリップを持った手がだらんと下がる。いわゆる「遊び」とも言われる動きが、非常に大きかった。どこまで意識していたのかはわからないが、構えたときに力が抜けていなければ、あの動きは生まれない。山﨑さんは「遊び」をうまく使い、反動を作り出していた。

山﨑さんのホームランは弾丸ライナーではなく、文字どおり「放物線」を描いた当たりが多かった。ああいうホームランを打ててこそ、真のホームランバッターと言えるのだろう。

中村紀洋、福留《ふくどめ》孝介、和田一浩、井口資仁《ただひと》、松井稼頭央《かずお》…若手の手本となるベテラン

山﨑さんと同じように「遊び」が大きいのが、中村紀洋選手だ。足を上げたときに、グリップを持つ手が下がる。あのメカニズムの中で、ピッチャーとのタイミングをはかっている。長距離打者特有の動きと言えるのかもしれない。私も何度か挑戦してみたが、なかなかうまくはまらなかった。

日本のプロ野球で22年間プレーして、通算404本塁打。天性のホームランバッターと

言っていいだろう。長距離ヒッター用のトップバランスのバットを、巧みに使いこなす技術にもたけていた。15年には42歳になるが、まだまだ現役で頑張ってほしい選手の1人だ。

ドラゴンズで一緒にプレーをしていた福留《ふくどめ》孝介選手（阪神）は、足を上げたときにグリップの手が動くかどうかが調子の良し悪《あ》しをはかるバロメーターと言える。手が固まっているときは間《ま》がとれず、ボールになる変化球に手を出してしまう傾向がある。14年のクライマックスシリーズで活躍を見せたが、このときは手が自然に動いていた。

福留選手ほどのベテランになれば、スイング自体になんら問題はない。あとは、どれだけピッチャーとタイミングをあわせ、ボールを呼び込むことができるか。どんなバッターも最終的にはここに行きつくはずだ。

和田一浩選手（中日）は、独特な打ち方をしている。彼は右バッターだが、早めに左足を上げて、右足でボールを待つ時間がとても長い。左足を上げている中でボールとの距離をはかり、バットを振り出すタイミングを決めている。一時、すり足にした時期もあったが、最終的には足を上げる形に落ち着いた。やはり、和田選手にはあのメカニズムが合っているのだろう。

和田選手とはチームメイトだったこともあり、バッティング論をかわしたこともある。驚いたのは、前側ではなく後ろ側にカベを作っているということだ。左バッターである私が右サイドにカベを作っていたように、普通はピッチャー側のカベを意識するものだ。ところが、和田選手の意識はキャッチャー側のカベにあるというのだ。そんな彼独特の感覚でバッティングを行っている。

あのオープンスタンスも、試行錯誤しながらたどりついたもの。本来であれば、スクエアに構えて真っ直ぐ踏み出すのが基本となるが、和田選手は体を開くことでボールを両目で見られるようにした。状態がいいときの和田選手はオープンで構えておきながらも、バックスイングに入るときには、しっかりと左肩がピッチャーに向いている。しかし、状態が悪くなると、左肩が開いたまま打ちに行ってしまうのだ。極端なオープンステップにしていると、このように難しい一面もある。

彼も15年には43歳を迎える。通算安打は1985本。目の前に2000本が見えているだけに、ぜひとも早く達成してほしい。本人にしたら、本当は14年のうちに達成したかっただろうが、8月の広島戦で右手にデッドボールを受け、骨折してしまった。

ベテランの年齢を聞くと、プロ野球選手の寿命が本当に伸びたなと感じる。トレーニング設備も充実し、真剣に取り組む選手が非常に多い。また、年齢を重ねてから体力を向上させるのは難しいため、技術を追求しようとする。俊敏性やスピードでは若手に負けていても、技はベテランのほうが上。若い選手には、ぜひベテランの技術を盗んでほしいものだ。

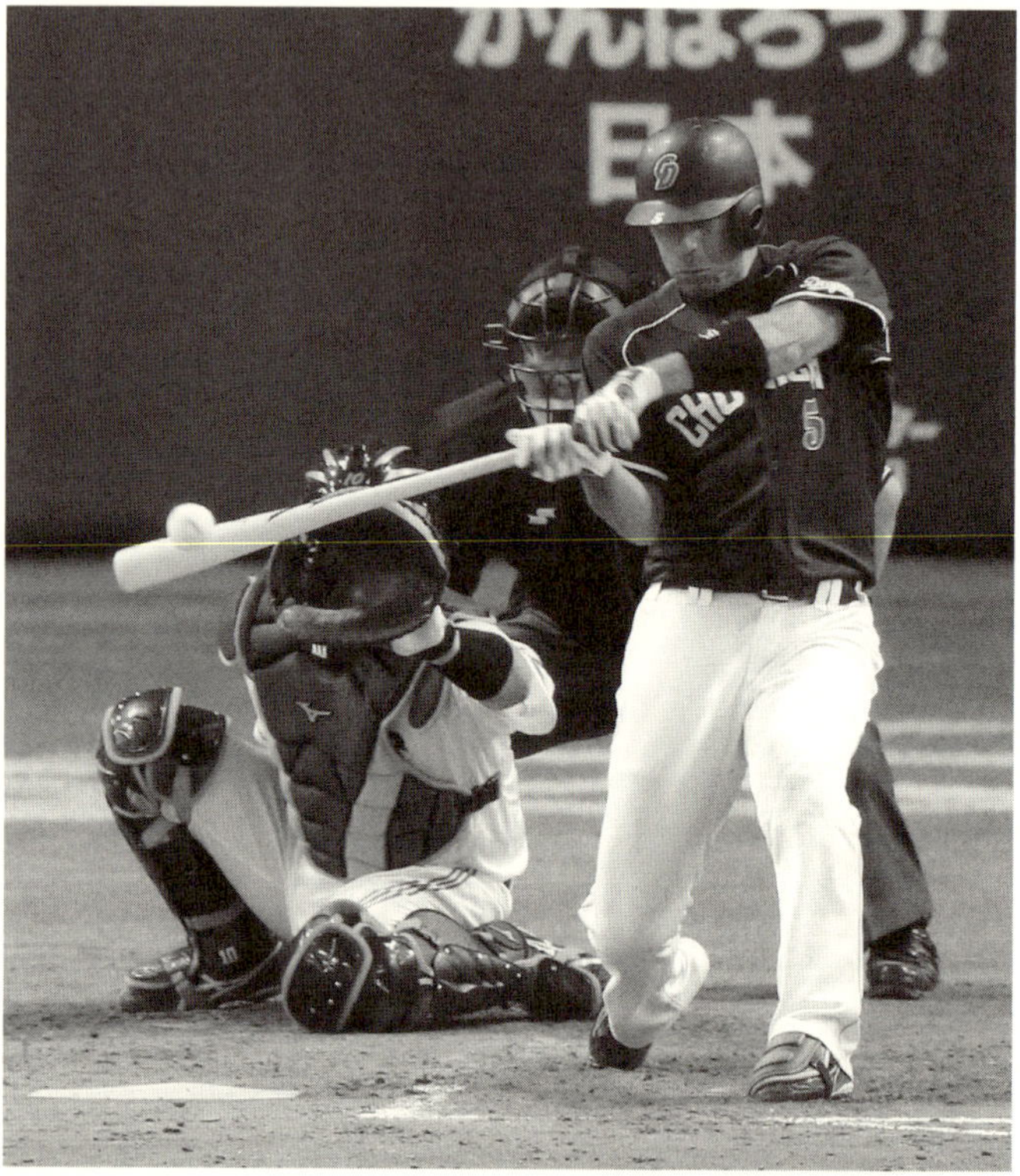

独特のオープンスタンスから、左右に強い打球を放つ和田一浩選手。2000本も間近だ。

井口資仁《ただひと》選手（千葉ロッテマリーンズ）は、14年12月に40歳を迎え、15年は節目のシーズンとなる。彼のバッティングはトップからインパクトまでが非常に速いのが特徴。だからこそ、自分のポイントまで引きつけ、ヘッドをきかせて、逆方向に放り込むことができる。4年間のメジャーリーグ時代を除き、福岡ダイエーホークスと千葉ロッテの13年間で積み重ねたホームランは238本。ダイエー時代はスピードも売りで、40盗塁を2回も記録している。まだまだ若手の手本として、存在感を示し続けてほしい。

ＰＬ学園高校の後輩にあたる松井稼頭央《かずお》選手（東北楽天）も、15年で40歳。彼のインパクトの強さは、球界随一と言っていいだろう。とくに右打席のときはリストが強く、その力だけでスタンドまで運ぶことができる。間近で見ると、松井選手の体は非常に筋肉質で、野球選手というよりは格闘技の選手のようだ。それほどずば抜けた身体能力を持っている。トレーニングにかける情熱も人一倍で、自らの努力によって今の肉体を作り上げた。

ただ、西武在籍時の若いころは瞬発力や筋力の強さで対応していたが、年齢を重ねるにつれ、それが難しくなってきている。体が衰えてきたときにどこでカバーするか。スイングスピードや反応で打っていたタイプだけに、これからが重要となる。

これは、ピッチャーにも言えることだ。若いときは速い球でガンガン押していても、どこかで若いときとは同じようなピッチングができないと悟る。そこで新たな球種を覚えたり、投球術を学んだりして、ピッチャーとして長く生きていく力を身につけていく。

若いころと同じままでは、どこかでカベにぶつかる。そこで、「若いときはあんなプレーができたのに」と過去を振り返っても意味がない。今の体で、どんなバッティングができるかを考えることが大事になる。

私の場合はすでにお話ししたが、年をとるごとに高めのストレートに対してヘッドが下がるようになった。若いときはヘッドを立てて対応できていたが、体の衰えとともにそれが難しくなってしまったのだ。そうなれば、狙いを高めから低めにシフトする。高めのストレートは捨てる意識で、ピッチャーに対していた。

日本で技術を高めたバレンティンからの学び

数々の外国人選手のバッティングを間近で見てきたが、日本人と比べると、パワーが圧倒的に違う。腕の太さもケタ違いだ。飛距離で勝負したら、絶対にかなわないと痛感させられた。

ただ、そのパワーだけに目が行ってしまうのはもったいないことだ。日本で活躍している外国人には、しっかりとした技術が備わっている。コントロールが良く、変化球の出し入れにたけた日本人投手に対応するには、パワーだけでは難しいだろう。

例えば、13年にプロ野球史上最多となる60本塁打を放ったウラディミール・バレンティン選手（東京ヤクルト）。パワーがあるのはもちろんだが、とても理想的な形でバッティングをしている。具体的に言えば、ボールを呼び込む形が素晴らしい。軸足に重心を乗せ、バックスイングからトップに入るときに一瞬止まる動きがあり、ステップも狭い。日本に来た当初は、ここまできれいな形では打っていなかった。日本人の変化球に対応するために、自ら技術を高めていったのだろう。

しかし、バレンティン選手にしてもこの形が崩れていくと調子が落ちていく。足を上げたときにグリップを握る手の動きが小さくなり、トップが浅く（体から近く）なってしまうのだ。こうなると、ボールとの間合いが計れずに、ボールになる変化球を振ってしまう。やはり、シーズン通して、ずっといい状態を保ち続けるのは難しい。いや、難しいというよりも不可能と言っていいだろう。

私もそうだったが、夏場になるとどうしても疲れがたまってきてしまい、これまでと同じように構えていても、「なにかしっくり来ないな」ということがあるのだ。疲れはどこにたまるかと言えば、たいていは下半身だ。大きな力を生み出す下半身に疲れがたまれば、当然、バッティングに影響が出てくる。コンスタントに打ち続ける難しさを、何度も実感した。

そして、これはどのバッターにも言えるが、好調のときも不調のときも自分自身でその理由がわかっているかどうかが大事だ。「なんとなく調子がいいな」では、調子が落ちていくのも早いだろう。良い状態のときに、なぜ打てているのかをしっかりと考えておいたほうがいい。それがスランプに陥《おちい》ったときに役立つからだ。

そのためには、自分なりのチェックポイントをもうけておくこと。私の場合は、やはりステップに原因があることが多かった。広くなると、まず打てない。そして、広くなる原因は前足だけの問題ではないということ。動作を1つずつさかのぼって、トップ、バックスイング、構え……と、確認するようにしていた。ときには技術的なことではなく、「大きいのを打ちたい！」という意識から調子を崩すこともある。

技術に原因があるのか、あるいは考え方や意識の問題なのか。ただやみくもにバットを振っているだけでは、プロで長く生きていくことはできないだろう。

糸井嘉男《よしお》、柳田悠岐、丸《まる》佳浩《よしひろ》、筒香《つつごう》嘉智《よしとも》、内川聖一…期待の侍ジャパン外野陣

「メジャーリーグに最も近い外野手」とも言われているのが糸井嘉男《よしお》選手（オリックスバファローズ）だ。もともとはピッチャーでプロに入団したが、身体能力の高さを買われて、

外野へ転向。肩の強さ、足の速さ、スイングスピードの速さを見ると、飛び抜けた能力を持っていることがわかる。侍ジャパンでも主軸を打ち、プロ野球を代表する強打者になりつつある。

一軍での通算打率は3割0分6厘。規定打席に達した6年間（09〜14年）で、すべて3割以上の打率をマークしているのが素晴らしいところだ。14年は打率3割3分1厘を記録し、初の首位打者に輝いた。二塁打はここまで207本。二塁打王にも2度輝いており、もしこのまま日本でプレーするのであれば、私が持つ日本プロ野球の二塁打記録487を抜く可能性があるかもしれない。

このように実績じゅうぶんの糸井選手だが、1つ気になることがある。それは、ホームラン数が少ないということ。過去最多は14年の19本だが、彼ほどのスイングスピード、パワーがあるなら、最低20本以上は打ってほしい。いや、30本打ってもおかしくないだろう。「3割・30本・30盗塁」のトリプルスリーにいちばん近い男だと思っているのだが、ホームラン数がなかなか伸びていかない。

本人がホームランに対してどの程度のウエイトを置いているかわからないが、1つの理由としてはインコースを打つときの体の動きに問題があると思う。ヒジを内側から絞り出して、バットを体の近くから出すインサイドアウトの軌道で打つというよりは、上体をそ

2014年は3割3分1厘で初の首位打者となった糸井嘉男選手。身体能力は球界随一。

らし気味にして力で打ちに行っている。パワーのある外国人選手のような打ち方をするのだ。実際、3割以上の打率をマークしているのでこのままでもいいのかもしれないが、この先、さらに上のレベルを目指すのであれば、インサイドアウトでインコースを打つ技術を身につけてほしい。インコースを技術でさばけるようになれば、必然的にホームラン数が増えていくだろう。

糸井選手と似たタイプなのが、福岡ソフトバンクの柳田悠岐選手だ。メジャーリーガーのような迫力のあるスイングで、ツボにはまったときはとてつもない飛距離を出す。ちょこんと当てにいくことを嫌い、すべてのボールをフルスイング。この姿勢は見事だ。

大卒で入団し、14年にプロ入り4年目でレギュラーの座をつかみ、打率3割1分7厘、33盗塁をマークした。ホームランは15本。あれだけのスイングをしているのなら、もっと打てるだろう。柳田選手も力が強いタイプなだけに、力でバットを振ろうとする。今のように若いうちはいいが、力でプレーしている選手は年齢を重ねたときに必ずカベにぶつかる。そのときのために、今からインサイドアウトの技術で打つことを追求してほしい。

広島の丸佳浩《まるよしひろ》選手は、今年初めて打率3割を記録した（3割1分0厘）。加えて26盗塁、19本塁打。数字だけ見ると、糸井選手、柳田選手とよく似ている。

ただ、力で打っている2人と比べて、丸選手はしっかりとした形で打っているように感じる。私の母校・PL学園高校の先輩でもある新井宏昌さん（打撃コーチ）の指導を受けてから、ボールを呼び込む形が格段に良くなった。新井さんは南海ホークス、近鉄バファローズで活躍し、通算2038安打を記録したヒットメーカーで、生涯打率2割9分1厘。87年には3割6分6厘の高打率で首位打者を獲得した。引退後は複数のチームで打撃コーチを経験し、13年からは広島で指導にあたっている。

新井さんは、現役当時、構えたところから、グリップを持つ手の小さな動きでタイミングをとり、トップからスムーズにバットを振り出していた。丸選手も新井さんの影響を受けているのだろう。タイミングのとり方が非常にシンプルになった。バックスイングを小さくして、トップからそのままバットをぶつけていく。以前のような無駄な動きは見られない。

丸選手の状態がいいときは、バックスイングに入るときに軸足に乗り、前述のバレンティン選手と同様に、一瞬止まる動きがある。しっかりと「割れ」ができている。しかし、状態が悪いときはこの動きがなくなり、すぐに前に突っ込んでしまうのだ。こうなると、ボールとの距離がつかめずに、差し込まれてしまう。スイングスピードは速いだけに、タイミングのとり方が安定すれば、コンスタントに高い打率を残せるだろう。

筒香嘉智《つつごうよしとも》選手（横浜DeNA）は、ホームランバッターとして期待がかかる。高卒5年目となった14年シーズンでは、なにかきっかけをつかんだのだろう、自己最多の22本塁打を放ち、成長の証《あかし》を見せた。ギリギリではあったが、打率3割をマークしたことも自信につながるはずだ。

13年まではボールを呼び込む間《ま》に悩んでいた。じつはWBCの壮行試合のときに、試合前のフリーバッティングでバッティングピッチャーとして投げたことがあるのだが、私の110キロ程度のストレートに筒香選手は差し込まれていた。あの程度の球に詰まるというのは、バッターとして致命的。ステップ幅が広く、自らボールとの距離を詰め、迎えに行って打っていた印象がある。

14年は軸足に乗る時間が長くなり、その結果としてステップ幅が狭くなった。ボールとの距離をとることができ、最も力が入るポイントでボールをとらえることができていた。タイミングのとり方さえ身につければ、今後、30本以上のホームランを打つ力をじゅうぶんに持っている。

以上4人は、いずれも侍ジャパンにも選ばれた右投げ左打ちの外野手だ。そして右バッターで忘れてはならないのが内川聖一選手。彼のバッティング技術については、第2章でも採《と》り上げたので詳細は避けるが、08年から14年まで7シーズン連続の打率3割台。内野安打が少ない右バッターにおいて、これだけの打率を残し続けるのは素晴らしいとしか言いようがない。年間通しても大きな不調がないのは、内川選手ぐらいではないだろうか。

トップからの右ヒジの使い方が非常に柔らかく、しなやか。インサイドアウトのお手本と言えるバットの軌道をしている。右ヒジに着目して、内川選手のバッティングを見てほしい。

銀次、菊池涼介、坂本勇人…楽しみな若手がそろう日本代表の内野手

侍ジャパンでは、内野手にも、先に紹介した中田翔、山田哲人のほかに楽しみな選手が多い。バッティングセンスが光るのが、東北楽天の銀次選手だ。ホームランこそ少ないが、2シーズン連続で打率3割以上をマークし、パ・リーグを代表するヒットメーカーになりつつある。

彼が技術的に優れているのは、ヒジの使い方にある。内川選手のように柔らかく使えるため、インサイドアウトでボールの内側をパチンととらえることができる。タイミングを崩されても、巧みなヘッドワークで対応するうまさがあり、ミートポイントが広い。ピッチャー寄りでもキャッチャー寄りでも打てるタイプだ。

急成長を遂げているのが菊池涼介選手（広島）。アクロバティックな守備がウリの選手だが、バッティングに関しても着実に力をつけてきている。打率は12年からの3年間で2割2分9厘、2割4分7厘と来て、3割2分5厘と一気にジャンプアップした。

14年に打率3割をマークできたのは、右方向にしぶとく打てるようになったからだろう。13年まで、引っ張ることは得意だったが、右方向へのヒットが少なかった。おそらく、本人の中には「強く振りたい」という思いが強いのではないだろうか。当然、その気持ちは必要だが、バッターのタイプとしては俊足でもあり「つなぎ」や「いやらしさ」を求められる選手だ。レフト方向に強く引っ張れる長所を残しながら、右方向にも打てる技術が備われば、いずれは首位打者を狙えるバッターになりうるだろう。

坂本勇人選手は好不調の波が大きいが、足を上げたあとに軸足にあれだけ長く乗りながらボールを待てる技術は素晴らしい。坂本選手の大きな特徴と言える。ただ、インコースを苦手にしているせいか、ホームベースから離れて立っている。その結果、外に逃げる変化球をどうしても追いかけてしまう弱点がある。ときおり、泳ぎながら拾うこともあるが、自分のポイントまで引きつけて打てるようになれば、もっと怖いバッターになる。

田中広輔《こうすけ》、長谷川勇也《ゆうや》、中村晃、浅村栄斗《ひでと》、堂林翔太《しょうた》、陽岱鋼《ようだいかん》…まだいる気になる打者

14年の侍ジャパンには漏れたが、ほかにも力を持った打者は多い。

自分自身が小さい体でプレーしていたこともあって、同じような体型の選手には目がい

きやすい。その中で、今のプロ野球で体の使い方がうまいなと感じるのが、社会人から14年にデビューしたばかりの田中広輔《こうすけ》選手（広島）だ。171センチ80キロ。身長は私とほぼ同じ左バッターだ。

ルーキーイヤーに打率2割9分2厘、9本塁打とじゅうぶんな数字を残した。足を上げて打つタイプだが、足を上げてから着地するまでのあいだに、うまく間《ま》をつくることができている。感覚的な表現になるが、「ボールをさがす」という技術だ。このタイミングのとり方がうまい。今後、一軍での試合経験をつんでいくことで、もっと数字が上がっていくのではないだろうか。

広島は丸選手、菊池選手、田中選手、そして、あとで紹介する堂林翔太《しょうた》選手と、楽しみな若手が多い。

福岡ソフトバンクの長谷川勇也《ゆうや》選手も、私が好きなタイプのバッターだ。

13年には198安打を放ち、打率3割4分1厘で首位打者に輝いた。14年はケガにも苦しんだが、打率3割をしっかりとキープした。コンディションが万全であれば、侍ジャパンに必ず選ばれる選手だ。

長谷川選手のバッティングで光るのは、右サイドのカベの使い方。カベを作ることで、ヘッドを走らせる。若い選手には、ぜひお手本にしてほしい打ち方だ。力ではなく、技術

右サイドのカベがしっかりできている長谷川勇也選手。ケガからの完全復活が待たれる。

でヒットを重ねている。

同じソフトバンクでは、中村晃選手のバッティングが年々、成長している。14年の日本シリーズ第4戦ではサヨナラ3ランホームランを放ち、強い存在感を示した。「中村晃」の名前を覚えたセ・リーグファンも多いのではないだろうか。

中村選手は上半身と下半身のねじれを利用した反動の作り方がうまい。175センチ82キロと、プロ野球選手としては決して大きな体ではないが、反動を生かした打ち方で強く速い打球を飛ばすことができている。

以上は左打者だが、右打ちの長距離砲として期待がかかるのが、埼玉西武の浅村栄斗《ひでと》選手だ。13年には27本塁打、110打点、打率3割1分7厘をマークし、高卒5年目で打点王に輝いた。なによりも、積極的にバットを振れるのが持ち味だ。結果を恐れずに常にフルスイング。

これは、ソフトバンクの柳田選手にも言えることだが、バッターにとってまず大事なことはバットを強く振ること。「アウトになったら、どうしよう」「三振したら、いやだな」と思うと、バットを強く振れなくなるのだ。

この2人には、こういった弱気な面が見られない。バットを振ることの大事さを、改めて教えてくれる選手たちだ。

もう1人、右打ちで気になる存在なのが、広島の堂林選手。スイングスピードを含む「バットを振る力」は特筆すべきものを持っているのだが、なかなかいい形が続かない。高卒3年目の12年に14本塁打を放ち、一気にレギュラーに定着するかと思ったが、今はカベにぶつかっている。

私の感覚ではあるが、トップの形を作るタイミングが早いのではないだろうか。トップは確かに大事だが、無理に作るものではない。どちらかというと、流れの中で自然にできるものだ。正しい体の使い方をしていけば、違和感なくおさまる場所がある。しかし、堂林選手はトップの形を意識しすぎて、自ら無理に作りに行っているように見える。そうなると、いざ打ちに行くときに力を入れることができなくなってしまう。

前足の動きに合わせて、もう少し、グリップを握る手を動かしてもいいように思う。山﨑武司選手や中村紀洋選手のように、手の「遊び」を入れることで、上と下のタイミングがかみ合ってくるのではないだろうか。ときに、ほれぼれするようなホームランを打つだけに、堂林選手のこれからの成長を期待したい。

そして最後に、どうしても紹介しておきたいのが、台湾出身の陽岱鋼《ようだいかん》選手（北海道日本ハム）だ。もう長く日本でプレーしているため彼の国籍をすっかり忘れていたが、WBCの打撃コーチを務めていたとき、一瞬、代表に呼ぼうかと考えたほど（実際はチャイニーズ・タイペイの代表として活躍)。それだけ魅力的な選手だ。

陽選手は、シーズンを重ねるごとに技術力が上がってきていて、とくに「インサイドアウト」がしっかりできているのがいい。レギュラーを獲り始めたころは、バットのヘッドが体から離れる「ドアスイング」の傾向があったが、今は後ろのヒジを絞り、体の近くからバットを出せるようになっている。それが、一軍定着以降ずっと本塁打数が増え続けている理由だろう(14年は25本)。

守っても、俊足で守備範囲が広いうえに肩も強い。チームを率いる監督の立場からすれば、必要不可欠な存在に違いない。

特別対談
中編

立浪和義 × 高橋由伸

左打者共通の悩みと打開法、2人の打順論

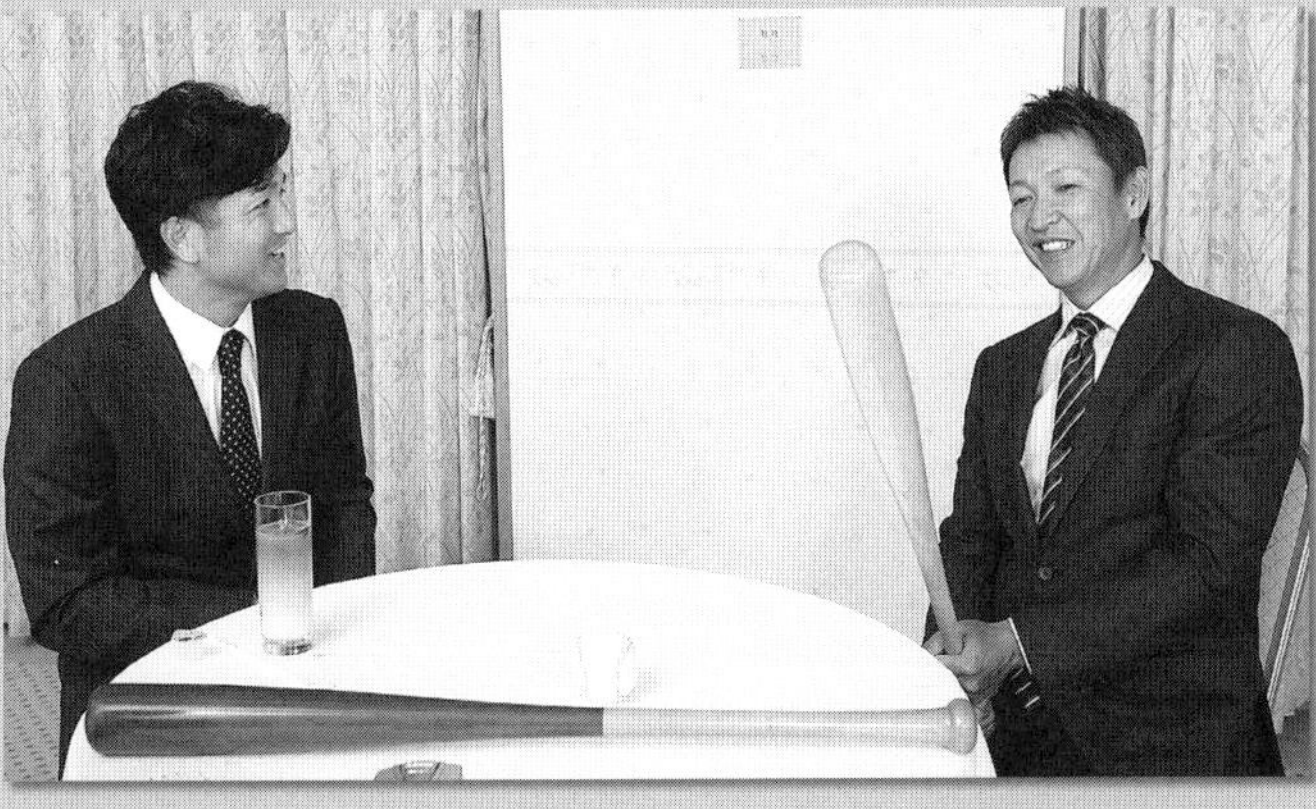

印象に残るピッチャーとの対決

「中込《なかごみ》さんのカットボール、1年目はまったく打てませんでした」――高橋
×
「中込と谷中《たになか》のカットボールに苦しんだ」――立浪

立浪　ここからは、我々が対戦して苦労したピッチャーとその攻略法や、経験した打順での話をしようか。プロ野球で長くプレーして、いろんなピッチャーと対戦してきていると思うけど、どうしても打てなかった球種とか苦手にしていたピッチャーっていた？

高橋　ルーキーの年に対戦した中込《なかごみ》（伸《しん》）さん（元阪神など）ですね。1年目はまったく打てなかったです。正直、テレビで見ていたときはストレートも140キロ出ていないので、「チャンスピッチャーだな」と思っていたんですけど（笑）。でも対戦したら、内側に切れ込むカットボールを投げてきて……。あの球に苦しみました。

立浪　確かに中込、いややったわ〜。由伸から同じ名前が出るとは思わなかった（笑）。あのカットボールね。自打球が2球連続で同じ場所に当たったこともあった。球は遅いんだけど、カットボールがわかっていても打てない。

高橋　どう打っても詰まるんですよね。あとはファウルにしかならない。「なんでだろう？」

と思いながら対戦してました。

立浪 ほんと、あれは打てないよ。

高橋 それが2年目には打てたんですよ！

立浪 なにか変えたの？

高橋 2年目のオープン戦でやったときに、たまたまうまく「コン！」と打てたときがあったんです。確か、右中間へのヒットでした。それで、「あ、こういう感じで打てばいいんだ」と思えたんです。そこからですね、2年目はけっこう打った記憶があります。

立浪 なにしたの？ 気になるわ（笑）。

高橋 なんていうんですかね、あのカットボールは体の前で打つか、あとは左バッターの僕だったら、右のヒジを体の外側というか後ろに引くしかないと思うんです。

立浪 それはわかる。由伸は、引いた？

高橋 はい、引きました。引いたら芯《しん》に当たったんです。そうやって打とうと思ったわけではなく、その年のオープン戦は調子が良かったので、たまたまうまく反応できたんだと思います。

立浪 それ、中込もびっくりしたでしょう？（笑）

高橋 それまでは抑え込まれていましたからね。

立浪　インコースは、基本的には体を開かずに内側からバットを出していかないといけないもの。でも、一度、古田（敦也《あつや》）さん（元東京ヤクルト）が、インサイドのボールに対して、今、由伸が言ったように、前のヒジを体の外側に引いて打ったことがあって、「こういう打ち方もあるのか」と思ったことを覚えている。

高橋　確かに古田さんはそういう打ち方していましたね。

立浪　芯に当てることを考えれば、そっちのほうがいいかもしれない。といっても、現役中はやらなかったけど、今思えば試してみても良かったな。とくに今はカットボール全盛だから、そういう技術も必要になるだろうね。

高橋　僕の場合は感覚的には、ヒジを「引く」というか、脇を締めたまま後ろに「落とす」と言ったほうが近いかもしれません。

立浪　なるほど、「ヒジを落とす」かあ。現役時代に、由伸に話を聞きに行けば良かったわ（笑）。でも、ほんまにカットボールはいややった。

高橋　じつは、中込さんと対戦したときに、初めてカットボールを見たんですよ。大学生のときにあんな球を投げるピッチャーいなかったので、びっくりですね。

立浪　川上憲伸《けんしん》（中日／明治大学在籍時、慶應義塾《けいおうぎじゅく》大学で同学年の高橋選手とは、エース、主砲として、東京六大学リーグで何度も対戦）は投げていなかったの？

中日と巨人というセ・リーグの上位常連チームの中心選手としてしのぎを削った2人。

高橋　憲伸がカットボールを投げ始めたのは、プロに入ってからですね。

立浪　あとは、谷中《たになか》（真二／元阪神など）っておったやろ？

高橋　はい、同じようなカットボールを投げてましたよね。

立浪　そうそう、体の近くに食い込んでくるボールを打つのには技術がいる。外はドアスイングでもなんとかなるんだけど。とくにカットボールをホームランにするのはかなりの技術が必要になる。

高橋　そうですね。きれいに打とうとしたらファウルになりますよね。

立浪　それと、ヤクルトにいた（ジェイソン・）ハッカミーね。左投手のハッカミーが投げるシュートが苦手だった。また、古田さんがシュートばっかり投げさせてくる（笑）。

高橋　僕も対戦しました。確かにいやでしたね。あとは同じく左の下柳《しもやなぎ》（剛《つよし》）さん（元福岡ダイエー、日本ハム、阪神など）。タイミングがまったく合いませんでした。

立浪　のらりくらりと投げてきてね。

高橋　ストレートも変化球もすべてが同じような球速と軌道なんですよ。それで、最後にちょろっと曲がったり落ちたりする。だから、ずれてしまう。

立浪　そんなに打ってない？

高橋　1年目はまったくでしたね。左の同じタイプで言うと、西武や横浜で投げていた土《ど》肥《い》（義弘）。タイミングが合いませんでした。

立浪　横浜に移籍してから、「巨人キラー」と呼ばれていたよな。やっぱり、ストレートと同じように見えてしまう変化球は打ちづらい。

高橋　下柳さんは腕の振りも同じですから。

立浪　ストレートで押してくるタイプはどう？　速いなと感じたピッチャー、誰かいる？

高橋　最近では埼玉西武の左投手の高橋（朋己《ともみ》）ですね。150キロ超えるわけじゃないんですけど、球の出どころが見づらくて速く感じます。

立浪　実際やって見たことがないからわからないけど、タイミング取りづらそうな気がするな。自分は福岡ソフトバンク時代の杉内（俊哉《としや》／現巨人）。まぁ、速く感じたね。由伸は対戦したことある？

高橋　はい、交流戦でやりました。でも、僕は好きだったんですよ。杉内や和田（毅《つよし》／シカゴ・カブス）からはけっこう打っていますね。

立浪　さすが！

高橋　びっくりしたという点では、石井一久さん（元ヤクルト、埼玉西武など）ですよ。1年目に対戦して、ストレートの速さに驚きました。

立浪　あと、石井の場合はカーブが怖いでしょ。左投手なので、我々左打者の肩口から曲がってくる。

高橋　そうなんですよ！

立浪　石井とやるときは、怖さを先に感じてしまうんよね。何回かデッドボールを食らったことがあるけど、あいつはいいやつだから、謝りに来る。優しいから、「当てたらいかん」と思うんだろうね。それでかえって、ボールが抜けてしまう。命がけやったわ（笑）。右のアンダースローの渡辺俊介（元千葉ロッテなど）はどう？

高橋　速くは感じなかったですけど、ボールとバットの軌道が合わない。どうしても、ボールの下を振ってしまう感じですね。

立浪　由伸の場合、ワンポイントで変則の左をぶつけられることも多いでしょう？

高橋　ありますね。いやだったのは、中日の小林正人《まさと》（2014年引退）。あの軌道の球を1打席の中で打つのはなかなか難しいですね。4打席あれば、1打席は打てるかもしれないですけど。

立浪　そうそう、代打は1打席で結果を出さなければいけないのがつらい。タイミングをとるコツみたいのはあった？

高橋　僕の場合は、合わせるポイントを作っていました。ピッチャーはどんな投げ方でも、必ず投げるときには腕がいちばん遠くに行く瞬間があると思うんです。普通のオーバースローでもサイドの変則的なピッチャーでも。そこを見極めて、腕が遠くに行ったときに、自分もグリップを握る手を逆方向の遠くに置く。その感覚で合わせていましたね。

立浪　なるほどなぁ。そういう考え方はしたことなかったわ。さすが由伸やな。

多くの打順を経験した2人

「5番はけっこういやだった。いちばん打ちやすい打順は3番」——立浪

×

「2番に起用されたとき、よけいなことを考えてしまいました」——高橋

立浪　由伸も自分も、いろんな打順を経験していたけど、何番が打ちやすいとかあった？

高橋　僕は4番や5番打つのであれば、3番のほうがいいですね。

立浪　そうだよな、5番ってけっこういやじゃない？

高橋　ほんとにそうなんです。いちばんきついですよね。

立浪　初回に2アウトで得点圏にランナーがいる状況で回ってくることが多い。そこで凡退すると、その試合はすべてダメ。そんなことがあったなぁ。

高橋　確かに、5番は勝負どころで回ってきますね。

立浪　なぜ、3番がいいの？

高橋　いちばん自由に気楽に打てる打順だと思います。だから、いいバッターを3番に置くんじゃないですかね？

立浪　1番打者は経験ある？

高橋　1年間やったことがあります。

立浪　自分もあるけど、とにかくせわしなかった。とくに後攻の場合は、守備から帰ってきて、すぐに打席に入らないといけないから、なかなかリズムが作れなかったなあ。自分のペースでやれないという感じ。

高橋　確かにそんな感じはありました。立浪さんは好きな打順はありましたか？

立浪　やっぱり3番かな。パワーヒッターというわけじゃないから、本来は3番タイプではないかもしれないけど。由伸は2番も打っているよね？

高橋　はい。何回か打っているんですけど、いわゆる2番打者として起用されたわけじゃなくて、チーム状態が悪かったときに流れを変える狙いだったんだと思います。

立浪　自分も何回か打ったけど、2番は難しいな。サインもややこしいし（笑）。状況によっては、アウトコースを無理に右方向に引っ張らないといけないときもあるから、バッティングを崩しやすい。右バッターが逆方向におっつけるほうが技術的にはやさしいんじゃないかな。だから、2番は右バッターのほうがいい気もするな。

高橋　僕も、「好きに打っていい」という感じでの2番起用だったのに、「進塁打を打ったほうがいいのかな」と勝手に思っていました(笑)。むしろ、それぱっかり頭にあった気がします。

立浪　由伸が2番に入るということは、超攻撃的なオーダー。ベンチとしては、自分のバッティングをしてほしい。でも、2番という打順に入ると、そうはいかないんだよな。

「2番打者とはつなぎのバッターだ」ということを、どこかで考えてしまうんだろうな。

高橋　そうなんですよ。変に考えてしまうんです。

立浪　いくら好きに打てと言われてもね。打順によって、バッティングが変わるというのはある意味では野球の面白いところ。長いこと野球をやっているせいで、1番は出塁、2番はつないで、というイメージが、無意識のうちにできあがってしまっているんだよね。

これから伸びる若手は誰だ!?

「大谷にはしなやかさがあるから、反対方向に長打を打てる」──高橋

「右の長距離砲では、ヤクルトの山田がいちばんいい」──立浪

立浪　由伸ももうベテランの域に入ってきているけど、若手でいいバッティングするなと感じる選手はいる?

高橋　同じ左バッターであれば、北海道日本ハムの大谷（翔平《しょうへい》）ですね。

立浪　確かに、今年は良くなったな。

高橋　14年のオープン戦のときにいいなと思ったんです。いいなというより、すごいですよ、あのしなやかさ。しなやかさがあるから、反対方向にも長打が打てる。変化球も柔らかく拾いますね。

立浪　あとはインサイドのさばきやね。今は遅れながらも、力でなんとか打っている。これがパンと体の回転で打てるようになれば、本物の長距離ヒッターになるだろうね。

高橋　本当にそう思います。バッター専門ではなく、ピッチャーもやっているわけですから。

立浪　インサイドを強く引っ張れたら、バッテリーもインコースに投げるのが怖くなる。腕を振って投げることに迷いが生じるから、コントロールミスも生まれる。ピッチャーとしても2ケタ勝利。常識的には、考えられない話だよ。投げるのも打つのも、下半身が使えるようになって変わった。1年目はまだ下半身で踏ん張れていない感じがしたけど。

高橋　立浪さんは気になるバッターがいますか？

立浪　いいなと思うのは、東京ヤクルトの山田（哲人）。長距離も打てるし、若手の右バッターではいちばんじゃない？

高橋　スイングが強くなって、打球が飛ぶようになったと思います。選球眼も良くなって、

2014年シーズンは日本プロ野球初となる2ケタ勝利＆本塁打を記録した大谷翔平選手。

ボールに手を出さなくなりましたね。

立浪　自分が出演しているテレビ番組の『すぽると！』（フジテレビ系）で、打撃コーチの杉村繁さんが提案した十数種類のティーバッティングを紹介したことがあるんだけど、後ろからのトスを打ったり、イスに座って打ったり、ワンバウンドを打ったり、なかなかいい練習をやっていたよ。

高橋　そうなんですね。

立浪　試合前に毎日やっているみたいだね。もともといいものを持っていたけど、あの練習が山田に合っていたんじゃないかな。あとは、西武の森（友哉）もかなりいいバッターだと思うんだけど、どう見ている？

高橋　映像でしか見たことがないのでまだわからないところもありますけど、すごい打球を打っていますね。

立浪　もう、形がほとんどできあがっている。ああいうのが本当のドラフト1位やね。ドラフト1位と言えば、巨人にいる大田泰示《たいし》はどう？

高橋　どうですかね、まだわからないですね。打っている形と、打ち取られている形のどっちが本当なのか、まだなんとも言えません。ただ、体力的な部分を含めた潜在能力はすごいものを持っていますよ。

立浪　スイングは速いから、自分の間《ま》でボールを呼び込めるようになれば、打てるようになると思うんだけどね。今は体の開きが早くて、インコースを攻められたあとに外に投げられると対応できない。足も速いし、巨人としてもモノにしないといけない選手でしょう。

高橋　ほんとに、そうですね。

立浪　やっぱり、タイミングと間をどれだけつかめるかだよな。スイングだけ見たら、いい若手はいるからね。由伸の場合、ケガでファームにいたりしたら、若手が「バッティングを教えてください」と聞きに来たりとかあったんじゃない？

高橋　それは、ほとんどなかったですね。

立浪　大先輩すぎて、由伸さんには、ようしゃべってこんか？（笑）

高橋　以前から一緒にいる選手とは話しますけど、正直、顔を見るのも初めてというような若手もいましたし。

立浪　そうか、もうだいぶ年齢も離れているからね。逆に、若手のバッティングを見ていて、教えたくならない？

高橋　聞かれたら教えていました。バッティングはそれぞれの感覚があるので、僕がいいと思ったことでも、相手にとって合うかわからないですよね。そのあたりが難しいです。

立浪　確かに感覚のところもあるから、難しいな、バッティングは。

高橋　でも15年からコーチ兼任になったので、もっと積極的に関わろうとは思っています。

立浪　由伸は、若いときに誰かにバッティングを教わったという経験はあるの？

高橋　僕の場合は、父親に基礎を作ってもらいました。それが土台にあって、プロに入ってからは練習をサポートしてくれる裏方さんに支えてもらったところが多いですね。

立浪　コーチではなくて？

高橋　はい、ずっと面倒を見てくださった方がいたんです。あとは、僕はほかの選手のバッティングを見るのが好きでした。今でも好きですね。いいバッターがどんなふうに打っているのか、そこはよく観察しています。

立浪　それ、本当に大事やな。自分の場合も代打に回ってから、ベンチでバッターをよく見るようになったもん。今の若い選手は、教えられすぎているのかもしれんね。結局、いろんなことを言われすぎて、やってみるのはいいけど、結果が出ないとまた違うことをやり始める。そんなにコロコロとやることを変えていたら、やっぱり結果には結びつかない。信念がないように見えてしまう。

高橋　はい、そう思います。見ることで得られるものはたくさんありますからね。

立浪　教えてもらうことも大事だけど、自分の目で見て、いい選手の技術を盗むこともやってほしいね。

第4章

「好投手・球種別」攻略の秘策

タイミングの合わせ方を変えて攻略した杉内俊哉

プロ野球の舞台で、数えきれないほどのピッチャーと対戦してきた。ストレートの威力に衝撃を受けたこと、フォークの落差に驚いたこと、タイミングがまったくとれなかったこと……。たとえ球種は同じスライダーであっても、ピッチャーによって曲がり幅や変化の仕方はまったく違う。実際に打席に立って体感してみなければ、わからないことばかりだった。しかし、彼らを打たなければ、プロで生活を送ることはできない。

プロの世界は高校野球とは違って、1回きりの対戦で終わりではなく、シーズン中に何度も何度も対戦を重ねていく。長くプレーしていれば、それだけ対戦機会も増えていく。1打席や2打席打てなくても、取り返すチャンスはまだあるということだ。ピッチャーの視点に立てば、打たれたバッターほど研究して、弱点を見つけ出してくる。昨年と今年で、攻め方がガラリと変わってくるピッチャーも珍しくはない。

一軍である程度プレーしている選手は、「スイング」に関してはほぼできあがっている。そこから結果を残せるかどうかは、打席の中での思考やタイミングのとり方、狙い球の決め方など、「スイング」以外の要素が大きく関与してくる。

この第4章では、私が現役時代に対戦してきた数多くの一流投手や、解説者になってからチェックさせてもらっている最近の好投手の持ち球・決め球や、長所・短所を挙げて、私なりの攻略法を解説していきたい。少し懐《なつ》かしい対戦の裏話もあってお楽しみいただけるだろうし、球種攻略などは普遍的な技術でもあるので、実戦でも活用できると思う。

現役時代に交流戦で初めて対戦したとき、「なんや、これは⁉」と驚愕《きょうがく》したピッチャーがいる。ストレートの球速は130キロ台後半から140キロ台前半程度。プロの中では決して速いわけではない。それなのに、そのストレートが速く感じた。なぜなら、まったくタイミングがとれなかったからだ。

福岡ソフトバンクに在籍していたころの杉内俊哉投手（現巨人）のことだ。交流戦が初めて施行された2005年が入団4年目で、この年は18勝4敗、防御率2・11と抜群の安定感を誇ったシーズンだった。

体の開きが遅く、ボールを体の後ろに隠しながら、グーッと体重移動してくるのが彼の大きな特徴と言える。上げた足が着地するまでのタイミングもほかのピッチャーとは違い、ゆっくりと時間をかけてくる。そして、最後の最後にパッと手（ボール）が出てくる投げ方だった。バッティングに置き換えてみても、理想的な体の使い方だ。あんなピッチャーは今までに見たことがなく、対戦をしてみて、杉内投手のすごさを体感することができた。パ・リーグであれだけ勝ち星を挙げていたのもうなずける。

これまで語ってきたとおり、私はストレートには自信があった。だが、そのストレートに狙いをしぼっているのに、タイミングが合わない。球場の球速表示を見ると「138」と出ている。「え？　もっと速いやろ？」と思うことがしばしば。何度、その表示を疑ったことか。あまりにタイミングが遅れているため、甘く入ってくる変化球がドンピシャで合うような感じだった。たとえヒットになったとしても、これは単なる結果論。ピッチャーとバッターの対決では、完敗と言わざるをえない。

ピッチャーがテイクバックに入ったときに、バックスイングをとる。これが、私のタイミングのとり方だ。でも、杉内投手にはこれが通用しない。なぜかと言うと、前足を着地するまでのタイミングが遅いのだ。言葉で表現するのなら、「着き際で粘る」。普通のピッチャーなら、すでに足を着いているようなタイミングで着いていない。その分、体を前に出され、ボールとの距離をとれないでいた。

そこで「どうせ打てないのだから」と開き直って、タイミングのとり方を変えてみた。今までなら上半身の動きに合わせていたが、杉内投手の場合は下半身、具体的に言えば、上げた前足の着地に合わせるようにしたのだ。遅かれ早かれ、前足は必ず着地する。着地しなければ投げることができない。上の動きに惑わされないように、足だけに集中した。そうするとその効果はすぐにあらわれ、次の試合で2本のヒットを打つことができた。

やはりバッティングで重要なのはタイミングだ。タイミングを崩そうとするピッチャーと、なんとかタイミングを合わせようとするバッターの戦い。いつもと同じようにテイクバックに合わせていたら、ストレートに遅れてしまうピッチャーも存在する。1つの方法論だけでは対応できないのが難しいところだ。

杉内投手は14年までに交流戦最多となる26勝を挙げている。交流戦で対戦するピッチャーとは、シーズンの中で何度も顔を合わせるわけではない。そのため、同一リーグのピッチャーに比べると、バッターは「慣れ」という点で不利な面がある。ましてや、独特の間《ま》を持っている投手が相手となれば、タイミングをとれるようになるまで時間がかかってしまう。

さらにやっかいなのが、杉内投手のようにまったくタイミングが合わないピッチャーと対戦すると、バッティングの調子そのものが崩れてしまう場合があるのだ。それまで好調だったとしても、「あれ？　タイミングが合わないぞ」とズレが生じる。1人のピッチャーによって、チームそのもののバッティングがおかしくなることもある。

杉内投手と同タイプには、和田毅投手を挙げることができる。彼が福岡ソフトバンク時代に対戦したが、やはり表示以上の速さを感じるピッチャーだった。出どころが見づらい

杉内俊哉投手の攻略ポイント

上半身の開きが遅いので、それに惑わされないように注意
ボールを持った手が体に隠れていることに気をとられないように
踏み出す足の着地に合わせてタイミングをとり、攻略する

肩や手の動きが独特な杉内投手は、踏み出す足でタイミングをとることが攻略の第一歩。

という点では、同じ左の武田勝投手（北海道日本ハム）も同タイプだ。

球場やテレビの球速表示は、あくまでも機械的な数字であって、実際にバッターが「速い！」と感じているかどうかは別の話と言える。数字上のスピードよりも、体で感じるスピードがどれだけ速いか。タイミングが遅れていると思えば、バッターは意識的にタイミングを早くとらざるをえなくなる。そこでストライクからボールになるスライダーやチェンジアップを投じられると、バットが止まらなくなってしまうのだ。

長打にするのが難しいカットボール

バッター立浪にとって、いちばん嫌いな変化球はカットボールだった。とくに右ピッチャーが左バッターのインコースに投じるカットボール。途中までストレートと同じ軌道であるにもかかわらず、バットを振り出すと体の近くにククッと食い込んでくる。本当にいやなボールだった。カットボールが得意なバッターなどいるのだろうか。そう思いたくなるぐらいだ。

ニューヨーク・ヤンキースで活躍したマリアーノ・リベラ投手のピッチングを見ているとよくわかるが、左バッターがカットボール（メジャーリーグなどアメリカでは一般的にカッターと呼ばれる）を100パーセント待っていてもヒットにすることができない。リベラ投手は、メジャー19年間で歴代最多の652セーブを挙げている。あのカットボールは、まさに魔球と呼べるキレで、テレビで見ていてもそのすごさが伝わってきた。

左バッターがカットボールを打とうとすると、まず多いのがぐしゃっと詰まったセカンドゴロ。フェアゾーンに入れようとすると、どうしても詰まってしまう。そうならないようにポイントを前にして打つと、一塁側へのファウル。カットボールを長打にする、ましてやホームランにするなど、想像すらつかなかった。

私がプロに入った1988年ごろは、まだカットボールを武器にしていたピッチャーはいなかったと思う。もしかしたら投げていたのかもしれないが、「打ちにくいな」と思うピッチャーとは出会っていない。

私が最初に出会ったカットボールピッチャーは、武田一浩さんだと記憶している。武田さんは大卒だが、ドラフトで指名されたのが私と同じ87年。日本ハム、福岡ダイエーで活躍したのち、99年から3年間は中日に在籍し(引退年の02年は巨人)、一緒にプレーをした。

右投げの武田さんのカットボールは、左バッターの内側へキュッと曲がってくる。いいカットボールというものは、ストレートに近い球速があり、バッターの手元で小さく曲がるのだ。曲がり幅にしたら、ほんのわずかだろう。でも、変化する位置がホームベースに近いため、対応ができない。曲がり幅が大きいものの球速が少し遅くなるスライダーとはまったく違う印象の球種と言って間違いない。

読者のみなさんの中には、「曲がり幅が大きい変化球のほうが打ちにくいのでは?」と思っている方がいるかもしれないが、大事なのはどこで曲がるかということ。途中までストレートに見えて、バッターの近くで数センチでも曲がったり落ちたりするのが理想だ。

武田さんが中日で投げているとき、私はセカンドを守っていることが多かった。左バッターに対して、どんどんカットボールを投げ込むので、一、二塁間のゴロをよくさばいたものだ。インコースにきっちりと投げきったときは、二遊間にはほとんど飛ばずに一、二塁間に飛ぶ。引っ張ろうとすると、そこにしか飛んでいかないのだ。だから、ランナー一塁で通常ならゲッツーに備えた守備陣形を敷くときでも、武田さんが左バッターを迎えたときは一、二塁間を締めていた。ショートゴロやサードゴロが飛んだとしても、二塁ベースに入ることはできない。つまりは、5→4→3、6→4→3のゲッツーをとれない位置だ。

しかし、武田さんのカットボールを左バッターが打った場合、確率的に最も多いのがセカンドゴロ。とくにバッター心理を考えると、ランナー一塁では一、二塁間に引っ張って、「一、三塁を作りたい」と思うもの。一見すると、セオリーを無視したような守備位置だが、じつは理にかなった守り方だった。

あと、カットボールで思い出すのが、広島や千葉ロッテで活躍したネイサン・ミンチー投手や、阪神で投げていた中込伸投手、西武や阪神などに在籍した谷中真二投手だ。それぞれいいカットボールを持っていて、あまり対戦したくない相手だった。

ミンチー投手は、98年に来日し、入団1年目にいきなりの15勝。日本でプレーした7年間で74勝を挙げているが、あのカットボールが大きな武器になっていた。

中込投手に関しては、対談で高橋由伸選手からも名前が出てきたので驚いた（138ページ参照）。やはり、あのカットボールを苦手にしていた左バッターは多かったのではないだろうか。谷中投手の場合は、カットボールというよりは、いわゆるマッスラ（真っ直《ます》ぐに近い曲がりの小さいスライダー）に似た球筋だった。

カットボールに対して、「一塁側へのファウルでもいい」と開き直る対策もあるが、そうなると、インコースのストライクとボールの判断がつきづらくなり、ボール球にも手を出してしまう。ストライクゾーンが狂ってしまうのだ。おそらく、右バッターに対する右ピッチャーのシュートも同じような感覚ではないだろうか。

カットボールを打つために、ホームベースから少しだけ離れたこともあるが、いつもの距離感とは変わってしまうため、今度はアウトコースがやけに遠く感じてしまった。ボールだと思っても、ストライク。リーチがあれば、アウトコースにも対応できたのかもしれないが、結局はもとの立ち位置に戻したのだった。

カットボールは、詰まってもいいので逆方向に打って攻略

「カットボールが苦手」と思っていたら、いつまでたっても攻略できない。しかも、年々、カットボールの使い手が増えてきたように感じていた。「こうやって打てばいいんだ！」とようやくきっかけをつかんだのが、04年のシーズンだ。

この年は4月こそなかなかヒットが出なかったが、5月と6月は絶好調で、いずれも打率4割超え。プロに入って初めて、2か月連続で月間MVPを受賞した。このときに、カットボールの打ち方がなんとなくわかったのだ。

ヒジをたたみ、グリップを絞り込むような感じで、体の内側からバットを出す。そして、ヘッドを返さずに、面をボールに向けたまま押し出すようにして打つ。言葉で表現するのは難しいが、この感覚で打ってみたところ、ショートの頭を越えてレフト前に落ちるヒットが増えたのだ。

コツとしては、詰まってもいいので、ヘッドを返さずに打つこと。あとは、面の角度を大事にしていた。

究極のインサイドアウト（86ページ参照）とでも言えばいいだろうか。ヒジをうまくた

ためていないと、この打ち方はできない。ドアスイングの軌道で、カットボールを打つのは不可能に近いだろう。それこそ自打球のオンパレードになるかもしれない。

この打ち方はヒットこそ出るが、長打の可能性は低い。でも、ある時期から「カットボールは長打にしなくてもいい」と割りきって考えるようにした。もちろん、ピッチャーが投げそこなって真ん中付近に抜けてきたら長打になることはあった。しかし、体の近くに食い込んできたときは、やはり芯《しん》でとらえるのは難しい球種。長打を捨てて、逆方向に落とすバッティングに切り替えていた。

「これでカットボールはもう大丈夫」と確信していたが、バッティングはそんなに甘いものではなかった。好調だったこともあり、バッテリーの厳しいインサイド攻めが増えていった。ガンガン来るので、こちらも「強く引っ張ってやろう！」という気持ちになってしまい、バッティングを崩してしまったのだ。インコースを引っ張ろうとすると、開きが早くなり、アウトコースが見えなくなる。

このとき、不調の状態であれば、謙虚にセンター返しを意識していたかもしれない。5月、6月と打っていただけに、どこかに過度な自信があったのだろう。こういった心理1つで、バッティングが変わっていってしまう。

藤川球児のストレートは低めだけを打つ

ストレートに速さを感じたのは、阪神時代の藤川球児投手(現テキサス・レンジャーズ)だ。もともといいストレートを持っていたが、07年にクローザーに定着してからはストレートのキレが増し、バッターにとってはいやなボールの1つになっていた。

なにがいやかと言えば、手元でホップしてくるように感じるのだ。物理的にはありえない話だが、ホームベース際で加速してくるストレートだった。それだけ、ボールの回転がきいているのだろう。おそらく、初速と終速の差があまりないのではないだろうか。

それと、これはあまり言及されないが、藤川投手はフォームが非常にいい。足を上げてからゆっくりと下ろしてきて、胸のチームロゴを三塁側に向けたまま、体重移動ができるピッチャーだ。いわゆる、開きが遅いフォーム。前述したように、体が早く正面を向いてしまうと、バッターにとっては見やすいピッチャーとなる。

藤川投手は落差の大きなフォークも持っている。両方打とうと考えたら、どっちつかずとなるタイプだ。あれほどの一流ピッチャーになれば二者択一で待つしかない。基本的にはストレート狙い。低めにフォークが来たらあきらめて、高めに浮いたフォークだけには

藤川球児投手の攻略ポイント

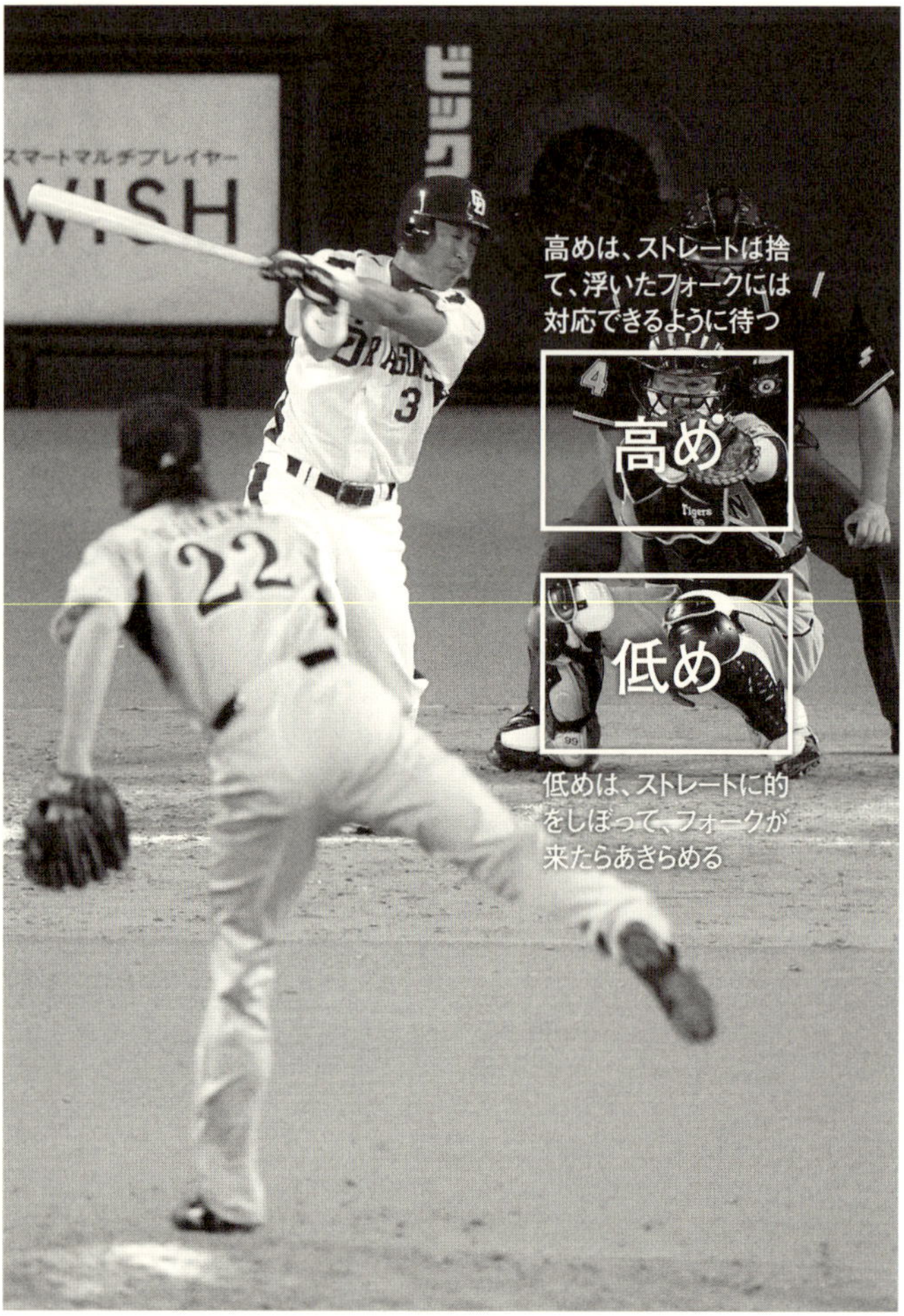

スマートマルチプレイヤー
WISH
ビック
高めは、ストレートは捨て、浮いたフォークには対応できるように待つ
高め
低め
低めは、ストレートに的をしぼって、フォークが来たらあきらめる

藤川投手はストレートもフォークも一級品なので、狙いをしぼって攻めないと対応できない。

なんとか対応できるように待っていた。

また、藤川投手の素晴らしいところはストレートを高低に投げ分けてくることだ。キャッチャーの矢野耀大《あきひろ》（旧登録名：輝弘《あきひろ》）さんが中腰に構えて、バッターの胸の高さに要求していた映像が浮かんでくる読者も多いはずだ。目の近くの高さは、どうしても選球眼が甘くなる。目に近い分だけ、とっさに反応してしまうのだ。このストレートのあとに、低めにフォークを投げてこられたら、対応するのは難しい。狙いは、とにかく低めのストレート。高めに関しては、目線を下げて消す。藤川投手の対戦では、そこだけに意識を置いていた。ただ、言葉で言うのは簡単だが、試合で実践するのは難しいことだった……。

高めのストレートは後ろに下がって飛ばす

よく、「高めのほうが長打になりやすい」と言われるが、それは一概には言えない。藤川投手クラスの高めになると、どうしても遅れてしまうのだ。一方、スピードが遅くなる変化球に関しては、高めのほうが飛ばしやすい。具体的に言えば、外野フライを打ちやすいボールだ。

ストライクゾーンを9分割で考えて、各コースに同じ球速のストレートが投じられたと仮定をする。この際、トップのグリップの位置からボールをとらえるインパクトまで最も早くバットを出さなければいけないコースはどこだろうか。

正解は、インハイだ。左バッターの場合、インハイを右足の前でとらえようとするには、ボールと体の距離が近いにもかかわらず、バットの軌道を考えると、かえっていちばん早く振り出さなければならない。若いときは高めにも対応できたが、年をとるにつれて高めの対応スピードが遅くなっていったのを感じていた。

ただ、その一方で高めに対する考え方も、ベテランになるにつれて変わっていった。体が動いていたころは、早くバットを出して上から叩こうと思っていたが、年齢とともにそのキレが悪くなってくると、なかなかうまくできない。

試行錯誤しているうちに、なにがきっかけだったか記憶は定かではないが、高めに対して、あえて後ろに下がって打ってみたのだ。下がるというのは、頭をキャッチャー側に戻して、向かってくるボールとの距離をとるということだ。体とボールとの距離感は、バッティングにおいて非常に大事なもので、この距離が短くなると、どうしても詰まった当たりになってしまいがち。高めのストレートに遅れるのであれば、自らキャッチャー側に体を戻して、ボールとの距離を作ればいいと気づいたのだ。

これは、「ステイバック」とも呼ばれる技術だ。中心にあった軸を、後ろに傾ける。そんなイメージだろうか。この打ち方ができると、高めのストレートも長打が打てるようになる。

一度浮き上がって曲がり落ちる**カーブ**は、アゴを上げずに打つ

岸孝之投手（埼玉西武）が08年の日本シリーズでMVPを受賞するほどの好投を見せてから、プロ野球界でも再びカーブが注目されるようになったと感じる。近年では金子千尋《ちひろ》投手（オリックス）や、攝津《せっつ》正《ただし》投手（福岡ソフトバンク）、武田翔太《しょうた》投手（同）が、キレ味鋭い縦割れのカーブをあやつっている。

14年の日本シリーズ第2戦で、武田投手がカーブを生かした配球で阪神打線を7回1失点に抑えたのは記憶に新しいところだろう。186センチの長身から150キロ近いストレートを投げ込むとともに、一度フッと浮いてから低めに曲がり落ちるカーブを持つ。バッターは、球速表示以上にストレートが速く見えたのではないだろうか。

私の若いころで言えば、PL学園高校の先輩でもある桑田真澄さん（元巨人など）やマット・キーオ投手（元阪神）、星野伸之投手（元阪急ブレーブス、オリックス、阪神。現オリックス投手コーチ）のカーブが印象深い。

桑田さんやキーオ投手のカーブは、高いところからキュッと落ちてくるカーブだ。ただ、カーブというのは投げ方が難しい球種で、桑田さんはグラブの高さでなんとなく「カーブ

が来るかな」とわかるときがあった。カーブのほうが、ストレートを投げるときよりもほんの少しだけグラブの位置が高かったのだ。

キーオ投手は190センチ近い身長からのカーブを武器に、日本でプレーした4年間で通算45勝。87年に阪神に入団しているので、私が本当に若かったときに対戦していることになる。高校時代は190センチもの身長があるピッチャーはいなかったこともあり、初めは「えらい高いところから落ちてくるな」と思ったものだ。高身長のオーバースローは、それだけでほかのピッチャーとは違う角度が生まれ、大きな利点となる。さらに、キーオ投手のカーブは上に一度浮き上がってから、落ちてくるような球質。気をつけていたことは、アゴが上がらないようにしたことだった。アゴが上がると、体の軸が崩れてのけぞるような形になってしまい、自分のスイングができなくなってしまうからだ。

私は、高めの甘いカーブよりも低めのカーブのほうが打ちやすかった。先ほどの話につながるが、低めのほうが体との距離をとれるのだ。高めのボールゾーンからストライクゾーンに落ちてくるカーブは、距離がとれずに苦労したことがある。前項のステイバックのように、このときも体の軸を後ろに引いて、ボールが来るまでの距離をとるように心がけた。

カーブの難しいところはカーブを狙っているときに、ボールが来るのを待ちすぎて、詰まってしまうことだ。110キロぐらいのカーブに差し込まれてしまう。これは実際に経験した人でなければ、なかなかわからない感覚かもしれないが、遅いがゆえにタイミングがとれないことがあるのだ。したがって、私の場合はストレート狙いの中でカーブに反応できたときのほうが、うまく打てた思いがある。

最も苦労したカーブは、星野さんのカーブだろう。130キロにも満たないストレートと100キロ前後のカーブを中心に、阪急、オリックス、阪神で通算176勝。セ・リーグで対戦するようになったのは、00年に阪神に移ってからだ。

星野さんがすごいのは、ストレートとカーブの腕の振りがまったく一緒ということだ。厳密にはビデオでコマ送りなどすれば、多少なりとも違いが見えるのかもしれないが、バッターボックスから見た絵はすべてが一緒。しかも、球速差が30キロ近くあっただけに、タイミングをとるのが難しかった。ほかのピッチャーであれば、ストレート待ちの中でカーブをとらえることもあったが、星野さんのカーブは遅いので、バットを振ろうと思ってもまだボールが来ない。「あまり考えずに、遊ぶくらいの気持ちで打てばいいんだよ」とアドバイスをもらったりもしたが、それは練習でしかできない話。やっぱり、試合になると力が入ってしまっていた。

カーブは遅いボールだけに、反発力が低い。私は、相手のボールの力も利用して打つタイプだったので、長打にするのは難しかった。遅いボールをしっかりととらえて長打にするというのは簡単ではないのだ。

それは、オールスターのホームラン競争を見ていてもわかるのではないだろうか。試合のときよりも遅いボールを、遠くに飛ばさなければいけない。反発力が低いだけに、思っている以上に距離が出ないのだ。かつ、スタンドには大勢のお客さんがいて、平凡なフライに終われば「あぁ……」とため息がもれる。力が入って当然だろう。

好循環で攻略できた**斎藤雅樹**さんの**スライダー**

スライダーで印象深いのが、入団当初の佐々岡真司さん（元広島、現広島二軍投手コーチ）や伊藤智仁《ともひと》投手（元ヤクルト、現東京ヤクルト投手コーチ）だ。カットボールよりも大きい曲がり幅で、左バッターのインコースに食い込んでくる。

佐々岡さんは1年目の90年から、13勝、17勝、12勝と3年連続の2ケタ勝利。カーブも良かったが、スライダーも鋭くキレていた印象がある。また意図したものかはわからないが、変化の仕方が毎年違っていたので、対応しづらかった。それでも、曲がり幅の大きさで言えば、伊藤投手がすごかった印象がある。150キロ以上のストレートと、球速もあって変化の幅がすごかったスライダーには苦しめられた。ケガのため、数年しか対戦できなかったのが残念だ。

最近では、オリックスの西勇輝《ゆうき》投手のスライダーが素晴らしい。曲がりが遅く、バッターの手元でキュッと変化する。14年の前半は開幕から5月20日まで、球団新記録の8連勝を挙げるなど絶好調だった。それを支えていたのが、このスライダーだ。侍ジャパンにも選ばれ、14年の日米野球でメジャーリーガー相手に好投した西投手。今後は日本を代表する右腕になる力を持っている。

右バッターがいやがっていたのが、巨人で大活躍していたサイドスローの斎藤雅樹さん（現巨人投手コーチ）だ。斎藤さんは89年から、先発ローテーションの柱として勝ち続け、同年、翌90年と、2年連続で20勝を挙げ、最多勝。2ケタ勝利を挙げるだけでも大変なことなのに、2年続けての20勝とはすさまじい記録だ。いかに斎藤さんのピッチングがずば抜けていたかがわかる。それ以降も、安定した活躍を見せ、92年、95年、96年にも最多勝を獲得した。

斎藤さんとは、数えきれないほどの対戦を重ねた。右バッターは「全然当たらない」と嘆いていた斎藤さんのスライダーだが、私は抜群の相性を誇っていた。ストレート、スライダー、シンカーと、不思議なことになにが来てもタイミングが合った。前述のように斎藤さんが最多勝を獲った年の1つでもある95年には、サヨナラホームランを打ってもいる。

斎藤さんも分《ぶ》が悪いのがわかっていたのか、簡単にはストライクをとってこなかった。

だから、ストライクからボールになる変化球さえ振らなければ、バッター有利のカウントになっていく。また、自分が打ちに行ったときに甘い球が来たり、スライダーを狙っているときにスライダーが来たり、こういうところにも相性の良さを感じたものだ。「上から目線」というわけではないが、自信を持って打席に入ることができていたのだ。そうなると、いい意味で肩の力が抜けて本来のスイングができ、ますます打てるようになる。「斎藤さん、投げにくそうにしているなぁ」というのが、バッターボックスからも感じとれた。

具体的なきっかけはなくとも、相性の良さというか好循環が続くことによって名投手攻略につながる場合がある。これはプロのバッターなら思い当たることではないだろうか。

ストレートかフォークか2択で打った上原浩治からのサヨナラ本塁打

プロに入って対戦したピッチャーの中で、いちばん最初に驚いたのが遠藤一彦さん（横浜大洋）のフォークだった。82年から87年まで6年連続で2ケタ勝利を挙げていた、当時のセ・リーグを代表するエース。入団したばかりの私が、実績じゅうぶんのピッチャーと対戦したことになる。「これは打てんやろう」と思える落差で、ボールの変化に慣れるまでは打てる感じがしなかった。

フォークとストレートのコンビネーションだけで抑えていたのが、佐々木主浩《かずひろ》さん（元横浜など）や上原浩治投手（元巨人など、現ボストン・レッドソックス）。ストレートかフォークのどちらかを狙わなければ打てなかった。ストレートと同じ腕の振りで140キロ近いフォークを投げてくるわけだから、打者に対して「フォークを振るな」と言うほうが無理なこと。2人との対戦のときは、追い込まれてからでもストレート一本を狙っていたことがある。フォークが来たらゴメンナサイ。潔く、ベンチに戻るしかない。メジャーリーグ中継などで、上原投手のフォークのことを「スプリット」と呼んでいるが、基本的にはほぼ同じ球だ。

佐々木さんは9回1イニングの登板が多かったため、とりわけ攻略が難しかった。たった1打席の中で、ストレートにもフォークにも対応するのは至難の業《わざ》だ。

一方、デビュー当時は先発での登板が多かった上原投手の場合、1試合で少なくとも4打席の対決があった。例えばの話だが、「インコースのストレート」だけを待ち続けていれば、さすがに4打席のうちに1球は来る。攻略するためにはその1球を打ち損じなく仕留められるかにかかっていると言っても過言ではない。

上原投手との対決で思い出深いのは、06年4月7日の対巨人戦で打ったサヨナラ満塁ホームランだ。この年、私は森野将彦選手と中日のサードのレギュラー争いをしていて、自分にも「もっと頑張らなあかん。このままでは終われるか」という意地があった。その中で飛び出たホームランだっただけに、格別の喜びを感じたものだ。

あのときの打席を振り返ってみると、初球はインコースのストレートを見逃して1ストライク。少々甘い球だったが、じつはこのときは初球からフォークを狙っていたため、手が出なかった。当時の上原投手も、ストレートとフォークを中心としたピッチング。わずか2種類でも、どちらもハイレベルなため、一方を狙わないと打てないと考えていた。満塁での初球だったので、勝負球のフォークから入ってくると思ったが読みが外れた。フォークと言っても、待っていたのは低めではなく、浮いてくる高めだ。外野フライでも1点の場面なので、そのことも頭にあった。

2球目、今度はインコースのストレートに狙いを変えた。すると、ストレートが甘めに入ってきた。思いきり叩いてライトポール際への満塁ホームラン。まさに会心の当たりだった。狙っていた球が来たからこそ、力んで体の軸がぶれないように気をつけた。バットを先に出すぐらいのイメージで、ヘッドをきかせて強く打つ。ボールの力を利用することができた一打だったと言える。

おそらくキャッチャーの阿部慎之助選手は、私が初球のストレートを見送ったことから、「フォークを狙っている」と思ったことだろう。だからこそ、インコースを要求したのだ。

2006年4月7日。直球狙いでサヨナラ満塁本塁打。打たれた上原浩治投手は立ち上がれず。

では、なぜ、私があのタイミングでストレート狙いに切り替えたかというと、そこはもう直感でしかない。長年の経験から生まれた打席の中でのひらめきだ。何度も対戦しているバッテリーともなれば、このような読み合いが勝負を分けていく。

もう1つ、読みが当たったとともに、バットを変えていたこともいい結果につながったと思っている。若いときのようにバットを振れないことを感じていたので、バットの先を少しくり抜いて、ヘッドを軽くしていたのだ。本来は９１０グラムぐらいあるバットから少し抜いたため、おそらく９００～９０５グラムになっていたと思う。わずか数グラムの差だが、振り抜きの良さが違った。このとき、「軽くしても飛ぶもんやな」と感じたことを覚えている。

ちなみにフォークボールは、投げるときにクセが出やすい球種でもある。人差し指と中指をガッと開いて、指の内側で挟む。ストレートやスライダーとは明らかに指の形が違うため、グラブが少し膨れたりするピッチャーもいるようだ。

すでにお話ししたとおり、私はクセを見抜くのがうまいほうではなかった。だから、実際に活用したことは少ないが、横浜大洋などで投げていた大門和彦さんは、フォークのときにグラブから出している左手の人差し指が立つというクセもあった。

また、佐々木主浩さんはどんなときでもフォークの握りでキャッチャーのサインを見ていた。グラブにセットするときもフォークのままで、ストレートを投げるときはグラブの中で握りを変えていた。開いていた指を閉じたほうがクセが出にくいという考えを持っていたのだろう。クセに興味を持っていたバッターは、このあたりの動きを本当に細かく見ていた。

PL学園の仲間・野村弘樹から放ったアーチは、左投手の変化球狙い意識

同じPL学園高校で汗を流し、チームメイトとして甲子園春夏連覇の喜びを味わった野村弘樹、橋本清ともよく対戦した。

プロで7年目の94年5月28日、左ピッチャーの野村から打ったホームランがプロ入り初の満塁ホームランとなった。野村も横浜のエースとして活躍していて、3年目に11勝を挙げると、4年目には15勝、そして6年目となる93年には17勝で最多勝を獲得していた。高校時代のチームメイトの活躍はやはり刺激になるものだった。

何度も対戦したが、野村とは相性が良かったイメージがある。あのホームランはおそらく、チェンジアップかシンカー。いずれにせよ真ん中に甘く入ってきた変化球だった。その日の夜、電話がかかってきて「満塁ホームランはないやろう」と言われたが、こういうやりとりができるのも同級生の良さだろう。

打席の中で、基本的にはストレート狙いであることはずっとお話ししているが、左ピッ

チャーに限っては変化球を狙うこともあった。というのも、左ピッチャーの場合、私のような左バッターに対しては、外のスライダーやカーブでカウントをとってくることが多いからだ。その確率が高いピッチャーに関しては、しっかりと外に踏み込んで初球から変化球を狙いに行く。野村に対しても、このような考えを持ちながら打席に入っていた。

野村とは相性が良かった一方で、橋本は苦手にしていた。苦手というよりも、やりづらいといったほうが正しいかもしれない。

入団3年目からローテーションに入っていた野村と違って、橋本はなかなか一軍で活躍できなかった。一軍デビューは4年目の92年で、翌年はセットアッパーとして52試合に登板。ようやくたどり着いたプロとしてのポジションだった。

真剣勝負のプロの世界で敵同士。手を抜くことは絶対にない。しかし、これまでの彼の苦労も知っていたので、心の中に「打ったら悪いなぁ……」という思いがまったくなかったと言えば嘘《うそ》になる。

じつは橋本とは幼なじみで、小学6年生からPL学園での高校3年生のときまでずっと同じチームでプレーしていた。6年生のときに、先にピッチャーをやっていたのは私。ただ、ヒジを痛めてしまい、「野球を続けたいなら、ピッチャーはあきらめたほうがいい」と医者に忠告されてしまった。そんなときに、たまたま入団してきたのが橋本だった。すでに180センチ近い身長があり、投げているボールも私より明らかに速い。「ピッチャーでは勝てない」と思わざるをえない力を持っていた。

橋本から打ったヒットは2本だけだったと思う。でも、その2本がどちらもホームランなのだ。このうち1本は、9回の同点弾。ワンバウンドになりそうな低めのフォークボールをうまく打つことができた。確か、橋本が8回をぴしゃりと抑えて、9回もマウンドに上がったときだったと記憶している。

当時の橋本の役回りはセットアッパー。8回を抑えたあとに、さらにもう1イニングというのは、野手の立場ではわからない難しさがあるのだろう。

チェンジアップを、手首を返さず拾って打った450本目の二塁打

05年5月19日、福本豊さん（元阪急）が持っていたプロ野球記録を塗り替える、通算450本目の二塁打を打つことができた。当時日本ハムの金村曉投手（のちに阪神）の外に逃げるチェンジアップを泳ぎながらも拾い、三塁線を破った一打だった。金村投手は長身から投げ下ろすストレートと変化球のコンビネーションを武器に、02年から4年連続で2ケタ勝利。この05年は最終的に13勝を挙げている。

このときはチェンジアップを狙っていたわけではなく、ストレート狙いの中でチェンジアップにうまく反応することができた。我ながら、「うまいバッティングやなぁ」と自画自賛のヒットだ。

あの打ち方は、プロ野球に入ってから覚えた技術で、タイミングをずらされたときに手首を返さずにヘッドだけをポンと出す。言葉にすればそんな感じだろうか。当てるだけのようにも見えるが、ヘッドを立てて芯《しん》でとらえることができれば、強い打球を打つことができる。ただし、ホームランにはできない。あくまでも野手のあいだをライナーやゴロで抜いていくイメージだ。

ストレートと球速差のあるチェンジアップは、手首を早く返してしまうと、左バッターはセカンドゴロ、ファーストゴロのオンパレードとなる。基本的には「ストレートを強く振る」という意識で打席に立ちながらも、タイミングをずらされたときは、臨機応変の対応が必要になる。

バッティングというものは、自分が思ったとおりのポイントで思いどおりにとらえられることなど、めったにないと考えたほうがいい。日々、その理想を追い求めて練習しているわけだが、実際の打席ではその理想にとらわれすぎてもダメということ。スイングの引き出しが多いバッターほど、必然的に高い打率を残すことができる。

腹をくってピッチャーを大胆にリードするキャッチャーにも注意

「バッテリー」とはよく言ったもので、ピッチャーとキャッチャーのあいだに強い信頼関係があってこそ、ピッチャーはベストボールを投じられる。「そのサイン、本当は不安だ……」とあいまいな気持ちでマウンドに立っていれば、腕を振って投げられないだろう。

バッターはピッチャーと戦うと同時に、キャッチャーとも戦っている。やはり、経験豊富なベテランのキャッチャーになると、非常にいやな攻めをしてくるので、注意が必要だ。

では、バッターにとって、どんな攻めがいやなのか。私の場合は、「インコースを意識させるリード」「腹をくったリード」をしてくるキャッチャーがいやだった。

具体的に名前を挙げれば、現中日監督兼任の谷繁元信選手と、元ヤクルトの古田敦也さんだ。2人ともにインコースを意識させるのがうまい。かつ、腹をくって大胆なリードをしてくる。

谷繁選手は試合の序盤や、3連戦の早い段階でインコースを攻めておいて、以降はアウトコース中心に攻めることがあった。バッターとしては、初めにインコースを攻められると、「次もインコースかな」「いつ、インコースに来るのかな」と勝手に思い込んでしまう。

体の近くに放られれば、それだけ意識が残りやすくなる。さらに、インコースのボールが頭にあると、アウトコースの少々甘い球でも踏み込めなくなり、強く叩けなくなる。その結果、外野のフェンス前でひと伸び足りない……なんてことが起こりうるのだ。

古田さんは「とにかくしつこいリード」という印象が強い。バッターが苦手なコースや球種を徹底的に突いてくる。配球のセオリーとして、「3球連続、同じコース（球種）に投げてはいけない」という言葉があるが、古田さんはお構いなし。3球でも4球でも、同じコース（球種）をピッチャーに要求する。

今でも鮮明に覚えているのが、高橋由伸選手との対談でも名前を挙げたジェイソン・ハッカミー投手。99年から2年間、ヤクルトに在籍し、通算20勝を挙げた。左腕には珍しく、左バッターの懐《ふところ》に食い込むシュートを武器にしていた。右ピッチャーが投じるカットボールと同じ理屈で、左バッターの体の近くに曲がってくる変化球はとても打ちづらい。バットの芯でとらえるのが難しい球種だった。といっても、空振りするようなボールではない。こちらは、何球もファウルを打って粘るのだが、古田さんはしつこくインコースのシュートを投げさせる。どちらが「根負けするか」という戦いだった。

これこそ、古田さんの腹をくくったリードだ。若いキャッチャーには、ここまで大胆な攻めはできないだろう。

第5章

どんな状況にも対応！ 勝負強さの長打術

打者有利カウントで打った日本シリーズでの同点3ラン

バッティングというものは、状況や環境によっても変わっていく。

打順、カウント、ランナーの状況、球場……。自分が好きなように打っていい場面なのか、あるいは自分がアウトになってもいいので、最低限ランナーを進めなければいけないのか。わかりやすく言えば、2アウトランナーなしとノーアウト二塁では、求められるバッティングが変わってくるのだ。バッターは様々なことを考えて、打席に臨《のぞ》んでいる。フリーバッティングでガンガン打っていたとしても、このような状況が読めなければ、試合で活躍することはできない。

プロで長く生き残っているベテランになればなるほど、状況を見極めたバッティングにたけている。今、目の前に置かれた状況でなにをすれば、相手がいやがるのか。そんなツボを心得ているからこそ、チームの信頼を得ることができるのだ。

本章では少し視点を変えて、状況をテーマに「長打」を語ってみたい。

私はルーキーイヤーを含めて、日本シリーズに5度出場させてもらった。この中で「思い出に残る一打は?」と聞かれたら、2004年に当時西武の松坂大輔投手（現福岡ソフトバンク）から打った同点3ランホームランが思い浮かぶ。2ボールから真ん中付近のストレートをしっかりととらえた打球はライトスタンドへ。会心の当たりだった。正直ホームランまでは考えていなかったが、1、2球目とも大きく外れたボール球だったので、3球目はストレートだけにしぼって「強く振ろう」と集中していた。

あの場面で、迷いなく振れたのは2ボールというカウントのおかげだ。圧倒的にバッター有利なカウントで、球種やコースをしぼって狙うことができる。

まず、どのバッターでも次の球はストライクであれば振ってくるカウントだ。バッテリーも当然わかっているため、変化球でタイミングをずらしてくることが多いが、私は「変化球が来て空振りしても、まだバッター有利。ここでは変化球を考えずに、ストレートを1、2、3で打ちにいこう」という割りきりができていた。

映像を見てみるとキャッチャーの要求は外のストレートだった。

しかし、松坂投手のコントロールが狂い、ボールは真ん中へ。「しめた！」と思って、体を振ってしまうことだけに気をつけて、ヘッドを走らせた。3ボールになれば、フォアボールで満塁の可能性が出てくる。「フォアボールだけは出したくない」という松坂投手の思いもあったかもしれない。

野球はカウントによって、バッテリー心理とバッター心理が大きく変わる。カウントは

0《ノー》ボール0ストライクから、3ボール2ストライクまで12種類。この中で、バッター有利カウントと呼ばれているのが1ボール0ストライク、2ボール0ストライク、3ボール0ストライク、2ボール1ストライク、3ボール1ストライクの5種類だ。ボールが先行しているうえに、3ストライクの三振までまだ余裕があるため、狙い球をしぼって対応できる。

　最もしぼりやすいのは、3ボール0ストライクのときだ。空振りしたとしても、まだ3ボール1ストライクのため、バッターにとっていちばん狙いやすいカウントと言っていいだろう。ただ、外国人はこのカウントで迷いなく振ってくるが、日本人の場合は学生時代から「待て」のサインを出されてきた習慣が残っているのか、なかなか思いきって振れない。3ボールから打ち取られると、「もったいないな」という気持ちにもなりがちである。本来、3ボール0ストライクから打ち取られても、0ボール2ストライクから打ち取られても、アウトはアウトに変わりはないのだが。

　えてして多いのが3ボール0ストライクから甘い球を見逃したあとに、次の球をファウルにして、カウント3ボール2ストライク。最後は際どいコースに対応しきれずに、アウトになってしまうことだ。じつはもっとも甘い球が、「3ボールからの1球だった」というのはよくある。2ケタ勝つようなピッチャーと対戦すれば、1打席の中で甘い球は1球あるかないかと考えたほうがいい。それがわかっていれば、3ボールからでも迷うことな

2004年の日本シリーズ第2戦の7回裏。カウントを生かし、松坂大輔投手から同点3ラン。

く振りきれるはずだ。

もし、松坂投手との対決が2ボール0ストライクではなく、1ボール1ストライクであれば、また結果も変わっていただろう。あそこまで割りきって、ストレートを狙えたかどうかわからない。バッテリーにとってはもう1球ボールになったとしても、まだ2ボール1ストライク。ストライクからボールになる変化球で、バッターを誘うこともできただろう。

なお、松坂投手は150キロを超えるストレートが武器だったが、私の中では「松坂投手＝スライダー」の印象が強い。曲がりが大きいうえに、スピードが速いのだ。非常にやっかいなスライダーだった。あのスライダーがどうしても頭に残るため、速いストレートに遅れてしまう。日本シリーズのあの場面は、1球目、2球目とも外角高めの明らかなボール球だった。どちらかに、鋭いスライダーが来ていたら、おそらく3球目のホームランはなかっただろう。

バッター有利のカウントに持っていくことが長打につながる

「選球眼」という言葉があるが、ボール球を振らなければ、自然とバッター有利のカウントに持っていくことができる。

いちばん避けなければいけないのが、若いカウントから、狙っていない球種・コースに手を出してしまうことだ。タイミングが合った結果として振るのならいいが、そうではないことも多い。ストレート狙いの中でカーブが来たときに、ただ当てただけの内野ゴロになってしまっては、もったいないと言わざるをえない。

若いカウントのときは、強く振れる球種・コースだけに狙いをしぼっておく。これが、待ち方の基本となるだろう。それがヒット、さらには長打につながっていく。なにも、初球から難しいアウトローに手を出す必要はないわけだ。

ピッチャーは「アウトローが生命線」と言われるゆえんはここにある。バッターは、強く振れるコースを待っている。アウトローは目から離れているうえに、体からも遠い。そのため、遠心力がかかる分、ヘッドが下がりやすくなるのだ。だから、常識的には初球から振りたくないコースだ。逆に言えば、ピッチャーは初球からアウトローにきっちりと投げられるコントロールがあるなら、まず確実に1ストライクをとることができる。バットを振られたとしても、ファウルになることが多い。

ただ、バッターとしては見逃しのストライクと、スイングしたうえでのストライクでは意味合いが違う。たとえ、空振りしたとしても、バットを振ることで「今のはタイミングが遅かったかな」と確認することができるのだ。それが、次の球への微調整にもつながっていく。

バッテリーにしても、例えばアウトコースを踏み込まれてスイングされると、「狙われているのかな?」と考えやすくなる。そうなると、次はアウトコースではなく、インコースを使ってくる確率が高い。若いキャッチャーに対しては、初球にあえて踏み込んで、次にインコースを狙うという作戦をとっていたこともある。いわゆる、「餌《えさ》をまく」という戦略だ。

スタンドやテレビで見ているだけではなかなかわかりづらい駆け引きが、打者と投手の18・44メートルのあいだで行われている。私もテレビやラジオの解説者席に座っているときは、このあたりの選手心理をできるだけファンのみなさんにお伝えしていこうと思う。

追い込まれたときほど、グリップを握る手を動かす

バッターは2ストライクに追い込まれると、打率がガクンと下がる。ほとんどのバッターが0ストライク、1ストライク、2ストライクと、ストライクが1つ増えていくごとに、打率が下がっていると考えていい。

なぜなら、追い込まれたあとは、狙い球をしぼることができないからだ。ストレートにも変化球にも対応せざるをえなくなることが、いちばん大きな理由と言える。バッテリー

も、ストライクからボールになる変化球や、高めのストレートを使うことができ、「見せ球」「誘い球」「釣り球」を有効活用できるわけだ。

つまりバッテリー側は、ホームベースの幅と高低を広く使い、バッターのストライクゾーンを崩すことができるわけで、このような状況下で、ボールをバットの芯《しん》でとらえるのはなかなか難しい。

私が追い込まれた場面で心がけていたのは、「いつも以上に意識して、グリップを握る手を動かす」ということだ。どういうことかと言えば、構えたところからしっかりとバックスイングをとって、トップに持っていくこと。2ストライクを取られると、「空振りをしたくない」「バットにボールを当てたい」という意識が働きすぎてしまい、バックスイングが小さくなるバッターがいるが、これは逆効果だ。間《ま》がとれなくなるため、ストライクからボールになる変化球に手を出しやすくなるうえに、インパクトまでの距離が短いため、ハーフスイングでバットが止まらなくなってしまうのだ。「追い込まれたら、いつも以上に手を動かす」という感覚で臨んでいた。

これは、草野球や少年野球、中高生の現役選手にも伝えたいことだ。追い込まれたからといって、構えまで小さくしてしまうと、いい結果は生まれない。三振も内野ゴロも、アウトはアウト。であれば、バックスイングをしっかりとって、反動を使って打ちに行く。バッティングの基本であり、同時に長打の可能性を高めることとなるこの動きを忘れないでほしい。

カウントの話をもう1つ。3ボール2ストライク、いわゆるフルカウントの場面での攻め方が、私が若手のころと今では変わってきている。

今から25年ほど前の私が入団したころは、フルカウントの場合、ストレートで攻めてくるバッテリーが多かったように思う。それが、今ではストライクからボールになる変化球が主流。見極められてボールになればフォアボールになってしまう場面でありながら、あえてボール球を使ってくるのだ。というよりも、ここできっちりとボールになる変化球を使えないピッチャーは、一軍で生き残れないだろう。

バッターというのは不思議なもので、2ボール2ストライクでは見極められる変化球も、3ボール2ストライクになると、ついつい手が出てしまう。その心理を逆手にとった配球と言うことができる。

こんなときであっても、私の意識は「ストレート狙い」「センター返し」にあった。センターへの意識があれば、体の開きを抑えることができる。そして、ストレート狙いの中で変化球に対応する。軸足に重心を乗せ、しっかりと「割れ」（84ページの図参照）を作ってから振りに行く。調子がいいときほど、変化球を見極めることができていた。

「4番」が打たせてくれたホームランと、培《つちか》った勝負強さのメンタル術

1番から9番まで存在する野球の打順。私は3番や5番を打つことが多かったが、この打順によっても、バッティングは変わっていく。「どの打順でも一緒でしょう?」と思うファンがいるかもしれないが、バッターは打順にふさわしいバッティングをしようとするものだ。これが良い方向に出ることも、悪い方向に出ることもある。

プロに入って区切りの10年目に、貴重な経験をさせてもらった。なにかと言えば、記憶のある範囲で初めて4番に座ったことだ。

02年7月6日、当時の山田久志監督から直々に「明日、4番を打て」と言われた。シーズン当初から4番をつとめていたレオ・ゴメス選手がケガで離脱して、4番があいてしまったのだ。翌日に金沢市民球場で行われた一戦で、「4番・立浪」がコールされた。どうせ1試合で終わるので、今日だけは4番の働きをしてやろうと思っていたところ、ホームランとタイムリーを放ち、自分の打点だけで勝つことができた。

すると、次の日も4番。そこからしばらく「4番・立浪」が続くことになったのだ。

4番を打たせてもらっているからには、やはりランナーがいるところでタイムリーを打

たなければならない。これまで以上に緊張感を持った状態で臨み、この02年シーズンが終わってみると、結果的に92打点も稼いでいたのだ。これは、私のキャリアの中でも最多の打点となる。得点圏で相当打っていた記憶がある。ホームランも16本で、4番としては決して多くはないが、1993年に打った16本に並ぶ数字だった。

最初は「1試合で終わるだろう」と思っていた4番だが、毎試合打ち続けていると、いい意味で気持ちに張りが出てくるようになった。4番打者として恥ずかしくない仕事をしようと思い続けた結果が、92打点につながっていったのではないだろうか。やはり、バッターにとって「4番」を打つということは、ほかの打順とは違った責任感があった。

晩年も「チャンスに強い立浪」と言っていただくことがあったが、得点圏になると、「俺が打ってやろう」と、変な力みが生まれやすくなる。そんなときこそ、「センター返し」「強く振る」「ボールをよく見る」といった、基本に立ち返ることを意識していた。どんな打順であろうとピッチャーが投げた球を打ち返すことは同じ。プレッシャーがかかる4番という打順ではあったが、ここで基本を忘れずにシーズン終了までまっとうできたことで、メンタル面でもひと回り成長できたような気がしている。

高橋由伸選手との対談でも話題に出したが、私は2番打者も経験している。2番になれば、無意識的に「つなごう」と思うものだ。というのも、頭のどこかに2番の仕事は「つなぐ＝進塁打」という構図ができあがっているからだ。進塁打というものは、基本的にランナーの進行方向の後ろ側に打つ。ランナー二塁であればセカンドゴロやファーストゴロ、ランナー一塁となれば一、二塁間やファーストへのゴロとなる。

右バッターの場合は逆方向に追っつければ、自然に進塁打となる。ドラゴンズで一緒にプレーした井端弘和選手（現巨人）や、PL学園高校の後輩でもある宮本慎也選手の右打ちを思い出してみると、イメージしやすいはずだ。これが、左バッターが進塁打を打つには、引っ張ることが必要になる。インコースを引っ張るのであればいいが、ときにはアウトコースも引っ張らなければならない。これによって、バッティングを崩してしまうことがあるのだ。

例えば、左打ちの私が2番を打っていたとして、ノーアウト二塁でマウンドには左のサイドスロー。追い込まれたら、外に逃げるスライダーが来るとする。センター返しを意識していれば、結果的に逆方向に打てることもあるが、進塁打の意識があると、いつもより も早めに手首を返してヘッドを出さなければいけなくなる。進塁打の確率が高まると同時に、空振りする可能性も上がってくるのだ。

右バッターではないので本当のところの感覚はわからないが、左バッターがアウトコースに逃げる球を引っ張るよりも、右バッターがインコースに食い込む球を逆方向に追っつけるほうが打ちやすいのではないだろうか。

意識的に手首を返すことは、自分が追い求めているバッティングではない。もちろん、チームの勝利のために必要な進塁打ではあるのだが、長いシーズンを考えたときに、こういったスイング1つでバッティングの感覚が崩れてしまうこともある。だから、自己を犠牲にして進塁打に徹している2番打者を見ると、尊敬の念をいだく。

一方で、相手のバッテリーが「2番打者だから、つないでくるだろう」と思っているところを逆手にとることもできる。

ランナー二塁で考えたとき、右バッターに対しては「右方向に打たせたくない」とインコースを攻めてくるバッテリーが一般的には多い。私のような左バッターのときは、この逆となり、引っ張らせないためにアウトコース中心に攻めてくる。

当然、バッターにはこの配球が頭に入っている。そうなると、右バッターであれば左足を開いて、思いきって引っ張るという作戦もとれるのだ。左バッターなら踏み込んで、レフト方向に打つ。進塁打とは真逆の考えになるが、ときには2番打者のイメージを捨てて、勝負してみるのも面白いだろう。

また、こんなシーンも見ることがある。2ケタ勝利を挙げるような好投手が、下位打者に簡単にソロホームランを打たれてしまう場面だ。これも、ピッチャーが打順を見ながら投げている証拠と言っていい。クリーンアップには絶対に投げないような甘い球がスッと入っていくことがあるのだ。ただし、多くはピッチャーから見てピンチの場面ではない。2アウトランナーなしなど、打たれても1点で終わるような場面で起こりやすい現象と言える。

気持ちに張りを与えた「2000本」という数字

人生初の4番を務めた年の翌03年7月5日は、私の野球人生にとって忘れられない日となった。通算2000本安打を達成した日だ。プロ野球史上30人目の大台到達で、中日では、高木守道さん、谷沢健一さんに次ぐ3人目の達成だったそうだ。

おそらく、バッターとしてプロに入ってきた選手は誰もがそうだと思うが、私も入団したときに「2000本」を意識したことなど一度もなかった。「一軍に上がりたい」「試合に出たい」「レギュラーになりたい」「できるだけ長く、プロで活躍したい」と目の前の目標を1つずつ達成していき、その積み重ねが2000本という数字にたどりついたのだと思う。

2000本を初めて意識したのは、00年4月13日に1500本を打ったときだ。1500本まで来たのなら、なんとか2000本まで到達して、球界の歴史に名前を刻みたい。あと500本。大きなケガさえなければ、挑める数字だと思っていた。正直、長くレギュラーで試合に出場していると、どこかで気のゆるみみたいなものが生まれてしまう。そこにムチを入れてくれたのが、「4番打者」であり「2000本安打」だった。

やはり人間というものは大きな責任を与えられたり、1つの明確な目標ができるとそれに向かって頑張ろうとするものだ。

1500本を打ってからは、常に頭のどこかに「2000本」という数字が存在した。この目標がなければ、日本プロ野球最多記録の487二塁打も成し遂げられなかったはずだ。

プロ野球選手は、常に数字と戦っている。チームが勝ったとしても、個人として数字を残せなければ、いつかはクビを切られる厳しい世界だ。数字を追い求め、数字にこだわり、数字に悩まされることも多かったが、目標となる数字があったからこそ前向きに取り組むことができたのだとも思う。

ただ、1500本から2000本までは長く、精神的にはつらかったのが正直なところだ。年齢とともに、今までできていたことができなくなったり、故障もしやすくなる。若手とのレギュラー争いも始まり、今までの地位を脅《おびや》かされる。それらすべてを乗り越えなければ、2000本は見えてこないことを実感した。

03年のシーズンは、2000本まであと82本の状況でシーズンを迎えることになった。例年、バリバリのレギュラーで出場していることもあって、年間100本以上のヒットは確実に打っていた。だから、03年で達成する可能性は非常に高い。なにか大きなケガさえなければ、自然に成し遂げられるだろうと思っていた。

4月、5月に重ねたヒットは56本。順調な滑り出しと言える。しかし、残り26本となったところで、まさかのぎっくり腰をやってしまった。6月1日のヤクルト戦でライト前ヒットを打ったときに、腰が「ピリッ」と来たのだ。バッティング中に、腰を痛めたのはこれが初めてのこと。当時の私は33歳。年齢的な衰えを感じたものだった。幸いにも長期の離脱にまではいたらなかったが、数試合は欠場せざるをえなくなった。

その後、腰の状態と相談しながら試合に出場。少しずつヒットを重ね、7月に入るとカウントダウンを迎えるようになった。7月4日、「残り5本」という段階で東京ドームでの巨人との3連戦。常に優勝争いを演じてきたライバルであり、PL学園高校の2つ先輩である憧れの清原和博さんもいる。なんとしても、清原さんの前で決めたいという思いもあった。

3連戦が始まる前、勇気を出して清原さんに「2000本を達成したら、花束をもらえませんか？」とお願いすると、快諾してくれた。これは、なんとしても決めなければならない。その思いが、より強くなった。

初戦で2本のヒットを放ち、出だしは好調。そして、7月5日の第2戦で3安打を記録し、大台に乗せることができた。2000本目のヒットは、左の林昌範投手（現横浜DeNA）から放ったもの。清原さんから花束をありがたくいただいた。

ややアウトコース寄りのストレートをライト前に運んだヒットだったが、頭に思い描いていたのは、何度もお話ししている「センター返し」「強く振る」「ボールをよく見る」という基本の意識だ。そして、技術的には軸足にしっかりと乗り、ステップが広くならないようにと言い聞かせていた。

どんな場面であっても、打席で意識することは変わらない。2000本のような大記録に王手がかかっていれば、どのバッターでも「打ちたい！」「決めたい！」と思うものだ。ただ、そんなときこそ基本に立ち返る。基本の大事さを改めて教えてくれた2000本安打だった。ただ、区切りの数字を達成したことで大きな喜びを感じたのも事実だが、一方では「立浪は2000本を打ってホッとしてしまった」と言われるのもいやで、より一層、気が引き締まったものだった。

「準備」が明暗を分ける代打と、ファウルにせずに仕留める技術

06年7月1日の広島戦、サードを守っていた私は守備で致命的なミスをおかしてしまった。ミスというよりはボーンヘッドだ。三塁盗塁に対するベースカバーが遅れ、キャッチャーの谷繁元信選手が投げることができなかったのだ。状況を考えれば、三盗のケアを考

えておかなければいけない場面だったにもかかわらず、動くことができなかった。

翌日、スタメンに私の名前はなかった。代わりに、当時売り出し中の森野将彦選手が座っていた。この年、森野選手はプロ入り10年目。もともと持っていたバッティングセンスがようやく開花し、6月25日にはプロ初の満塁ホームランも放っていた。言わば、旬《しゅん》の選手だった。

スタメン落ちに関して、野球選手として感情がなにもないわけがない。悔しさ、いらだち、腹立たしさ……。なにも思わなければ、私の野球人生はここで終わっていただろう。森野選手が成長していたこともあり、私がずっとスタメンで出続けることもそうは長くはないだろうとは思っていたが、せめてあと1年はスタメンで踏ん張りたい。そんな思いがあったときに、自らのミスでスタメンの座を明け渡すことになってしまったのだ。

野球を始めたころから、試合に出るのが当たり前の野球人生を送ってきた。それがいかに幸せだったのか、ベンチで野球を見るようになって気づかされた。初めは、ベンチでなにをやればいいのかわからなかった。試合をボーッと見ているだけの状態。目の前でチームメイトが試合をしているのに、そこに気持ちが向かっていない自分がいたのだ。

「頑張らなあかん！」

常に自分に言い聞かせる日々が続いた。

しばらくすると、ベンチにいることでの良さもわかってきた。すでにお話ししたとおり、打席に入っているバッターを横からじっくりと観察できることだ。

横からの角度のほうがトップの位置やステップの幅、タイミングのとり方などをはっきりと見ることができる。実際にバットとボールが当たる前に、「このタイミングなら打つやろう」と思うことが何度もあった。やはり、前に突っ込み、頭が動くようなバッターはヒットが出る確率が低い。自分のほうから、向かってくるボールとの距離を詰めてしまうと、バットを強く振ることができない。

スタメン落ちしてから、代打での起用が自然と増えていった。いちばん戸惑ったのは、打席に入るリズムを作れないことだ。

野球には「守りからリズムを作る」という言葉があるように、チーム全体だけでなく、選手個人にとっても、「守りから攻撃」のリズムがある。守りのときに、たとえ打球が飛んでこなかったとしても、ボール回しに参加したり、相手バッターのスイングに合わせて1球ずつ反応することで、体が動いていく感覚があったものだ。

代打のときは、このリズムがまったく作れない。ベンチにじっと座っているわけにもいかないので、イニングのあいだに外野手とのキャッチボールでグラウンドに出たり、ベンチの裏で素振りをするなどして、体と心の準備をするようにした。

それと、代打中心になって気づいたのは、グラウンドが非常に明るいということ。雰囲気のことではなく、照明の明るさ、暗さの話だ。「なにを当たり前のことを」と思われるかもしれないが、ずっとベンチに座っていると、その明るさに気づかないのだ。いきなりグラウンドに出ることは、極端に言えば暗い部屋から明るい場所に飛び出していくようなもの。このとき、人間にどんな現象が起きるかと言えば、目がくらんでしまう。目がやられると、普段見えているボールも見えなくなり、バッティングに影響が出てしまうのだ。だから、外野手とのキャッチボールなど、なるべくベンチから出て明るさを感じるようにしていた。

こういった理由もあり、「代打・立浪！」を告げられたあとに、相手チームのピッチャーが代わってくれることは、とてもありがたかった。ネクストサークルで体を動かしながら、球場の雰囲気や明るさに慣れる時間を作れるからだ。そして、ピッチャーの投球練習に合わせて、タイミングをとることもできた。

また、私はいちおう「切り札」として待機していたため、代打で起用されることが決まっていても、相手チームとの駆け引きがあって、ネクストサークルで待てないつらさがあった。代打のコールを聞いてから、ベンチから出ていく。「ワー!!」という大歓声はとてもうれしかったが、歓声を受けることで胸が高鳴りすぎてしまい、心と体が一致していないことがあったのだ。素振りをしていても、足がふわふわしていて、地に着いていないことがわかる。「落ち着こう」と思えば思うほど、から回り。だからこそ、ピッチャー交代で時間をもらえると、ホッとしたのだ。

最初のころは、代打はどこで起用されるか読めないという難しさもあった。読めなければ、準備もできない。代打での経験が増えていくにともなって「出番は間違いなくここだろう」という読みは養われてはいったが、それもゲッツーでチェンジになったりすれば、次のイニング以降に持ち越しとなる。気持ちを高めたり、静めたり……と、その繰り返し。そして、いざ出番があっても、当然ながら毎回望むような結果が出せるものでもない。正直、「代打は長くやるものではないな」と思ったこともあった。

スタメン落ちしてから3か月後、06年10月4日の広島戦。高橋建投手から、右中間を破るサヨナラ二塁打を放ち、勝利に貢献することができた。代打に回ってから、初めてのサヨナラヒット。ヒーローインタビューでは、「感謝の気持ちでいっぱいです。涙が出そうになるんですけど……」と答えたことを覚えている。

打てないときでも、「代打・立浪!」のコールに大声援を送ってくれるファンの存在が非常にうれしかった。だからこそ、その声援にこたえたい。でも、結果が出ない……。そんな苦しい日々の中でのサヨナラヒットは、代打・立浪として忘れられない一打になっている。

翌07年は、最初から「代打の切り札」という存在で、シーズンを迎えた。もちろん、キャンプ入りするときには、「もう一度、レギュラーで出てやる！」と意気込んでいたが、キャンプの途中に中村紀洋選手が育成契約で中日に加入してきたこともあり、風向きが変わった。育成契約とはいえ、中村選手のバットの長さをうまく生かした柔らかいバッティングや、サードで魅せる華麗なグラブさばきは、私自身も認めていたことだ。「スタメンでの出場機会はさらに減るだろう」と自らの立ち位置を自覚し、代打としての準備をするようになった。

結果的に、この年は代打で打率3割7厘、2本塁打、27打点と、満足の行く結果を残すことができた。この年の打点数は、代打では歴代2位の記録だったそうだ。記者の方に教えてもらうまで意識したことなどなかったが、阪神で活躍した真弓明信さんが歴代1位となる30打点（94年）を記録しているという。

代打でこれだけの打点を稼げたのは、ランナーがいる状況で使ってもらえたからこそだ。セ・リーグなので、ピッチャーのところに代打で起用されることも多かった。自分が打てば、そのピッチャーに勝ち投手の権利がつくような場面がいくつもあったものだ。ピッチャーにとって勝利数は最も目立つ数字であり、年俸交渉のときにも大きな材料となる。「なんとしても打って、勝ち星をつけてやりたい」という気持ちで、打席に臨んでいた。

代打で、しかも長打という意味では印象深い1本がある。07年8月28日に横浜スタジアムで行われた対横浜戦で、寺原隼人《はやと》投手（現福岡ソフトバンク）から放った代打満塁ホームランだ。インコース低めのストレートに対して、体をクルッと回転させて、ライトのポ

2007年8月28日、代打満塁本塁打を記録。体をうまく回してボールをとらえられた。

ール際への一発。決してその球種、コースに当たりをつけていたわけではなく、とっさの判断で対応できたのだ。こういう打ち方は、1年に1回あるかないかのもので、自画自賛したくなるホームランだった。

インローは、体の開きが早ければ、どんなにいい当たりでもファウルになる。ファウルにしないためには、体の開きを抑え、ヒジを内側からしぼり込むことが不可欠だ。ホームランにならなくても強い打球をラインぎわのフェアゾーンに入れられれば、長打の可能性は高まる。日ごろから目指しているバッティングを、勝負どころで見せられたことにうれしさがあった。

勝負を決めるための「代打の鉄則」は、ファーストストライクから振ること

代打で結果を残すにはどうしたらいいか。

これは、ファーストストライクを逃さずに打てるかに尽きると思う。私が起用されるのは7回以降の終盤が多かった。ここでマウンドに立っているセットアッパーやクローザーは、空振りをとれる絶対的な武器があるものだ。追い込まれると圧倒的に不利になる。

さらに、スタメンのときは少なくとも4回は打席に立つことができたが、代打は1打席

のみ。球筋を見ている余裕はなく、振りに行くことで仕留めなければならない。「初球は見ていこう」なんて思っていたら、あっという間に追い込まれてしまう。ファーストストライクから振れる積極性がなければ、代打で結果を出すことはできないだろう。

ただし、いくら「振ろう！」と思っていても、タイミングが合っていなければ強く振ることはできない。やはり、バッターはタイミングが大事。ベンチにいるときから、ピッチャーのモーションをしっかりと見るように心がけていた。

狙い球が来たにもかかわらず、バットを振れなかったときは、その打席ではまず、いい結果は生まれない。「あの球を打っておけば良かった」という悔いをずっと引きずってしまい、気持ちの整理がつかないまま、ピッチャーに臨んでしまうのだ。

また、私が打席に入るときはたいていがチャンスのときだ。バッテリーからすればピンチ。ここで考えられるのは、初球からウイニングショットを使ってくる可能性があること。フォークが武器であれば、フォーク、フォークと連投で攻めてくることだってじゅうぶんにありうる。だから、基本はストレート狙いでも、ウイニングショットを狙いに行くこともあった。このあたりは、常にバッテリーとの駆け引きが繰り広げられている。

ただ、代打で経験を重ねていくにつれて、「ステップさえ広くならなければ、ストレートでも速さは感じない」という確信めいたものを得たのも事実だ。寺原投手から打った満塁ホームランもステップが広くなっていたら、あんな打ち方はできなかっただろう。スタメンでも代打でも、意識するポイントは変わらない。

翌08年は好調だった前年と比べて、もがき苦しんだ。4月は16打席無安打、4四球。ケガで離脱していたときを除き、プロ野球人生で4月にヒットを打てなかったのはこの年が初めてだった。シーズン初ヒットは5月8日の広島戦で、基本どおりのセンター前ヒット。ようやくである。うれしさよりも、安堵《あんど》の気持ちが先に来た。

このまま調子に乗っていけるかと思ったが、次のヒットが出るまでにまた7打席もかかった。結局、シーズン成績は打率2割0分5厘、1本塁打、10打点。代打での打席は、多くても1日1打席。チャンスがこれしかないわけで、もちろん打席がない試合もある。ヒットが出ないときは、この状況が非常につらかった。

じつは、あのときはバッティングの調子自体は良かったのだ。だから、あそこまでヒットが出なくなるとは思いもよらなかった。あとで振り返ってみると、ヒットが出ないことに対して、自分自身で「おかしいな?」「調子悪いのかな?」と不安を感じてしまったことがいけなかったのだと思う。自らあせり、追い込んでしまった。

最近は、スポーツの世界でもメンタルトレーニングが当たり前のようになり、気持ちを切り替える方法を持つことや、ポジティブシンキングが大事と言われるようになった。私もいろいろと試してみたことがあるが、結局は試合の打席で結果を出すしかない。

やはりバッターは、ヒットの「H」のランプこそが最高の薬となる。どんなに技術的なことを気にかけても、試合で結果が出なければ、心のモヤモヤは晴れない。「打ちたい!」「結果を出したい!」という気持ちがあせりにつながり、狙っていないボールに手を出すこともあった。気持ちが前のめりになると、体までも前のめりになり、ステップが広くなる。まさに、「悪循環」という言葉があてはまる2か月だった。

結果が出ていないバッターの気持ちとしては、ジャストミートしたライトライナーよりも、ぐしゃっと詰まった当たりが内外野のあいだに落ちてくれたほうが何倍もうれしい。このポテンヒット1本でスランプを抜け出せることだってあるのだ。

バッティングの状態が良くても、結果が出ないと、調子自体が落ちていく。このとき、私は39歳。40歳を前にして、バッティングの難しさを改めて痛感することになった。

タイムリーヒットよりも犠牲フライの意識

私が代打に送られるときはチャンスの場面で、打点を期待されているケースがほとんどだった。1アウト三塁や2アウト満塁など、ここで1本出れば、試合の流れを一気に引き寄せることができる。ベンチもスタンドも、私のひと振りに注目する。

ただ、実際に打席に入る身としては、同じチャンスでもその場面によって求められる結果は違うと感じていた。もちろん点差にもよるが、1アウト三塁での代打となれば、最低限必要なのは犠牲フライだ。タイムリーを狙いに行って、強い内野ゴロで終わるのであれば、外野への犠牲フライのほうが価値が高い。点をいかに取るかを、最優先に考えていた。「外野フライ=犠牲フライ」には打ち方がある。これは、少々テクニックが必要だ。まず、考えるべきことは、ストライクゾーンを上げること。それは、低めよりも高めのほうが圧倒的にフライになりやすいからだ。

よく、ピッチャーの基本は「低め」と言われるが、確率論で考えたときにゴロになるのは低め。つまりは、長打になる可能性が低いと言える。ゴロはどこまでいってもゴロで、スタンドインの可能性はゼロだ。

1アウト三塁で前進守備。藤川球児投手のように高めのボール球で空振りを取れる力があれば別だが、一般的には低めを攻めてくる。前進守備の網にかかる内野ゴロをいかに打たせるか。これが、バッテリーが考えることだ。

ならば、バッターはバッテリーとは真逆の発想を持つ。ゴロになりやすい低めを捨てて、フライになりやすい高めを狙う。私は、少々のボール球でも打ちに行っていた。また、ストライクゾーンを上げることで、低めに落ちるフォークや縦のスライダーを見極められる利点もある。

私自身、外野フライを打つことには自信があった。コツはボールの内側を意識し、バットのヘッドを遅らせて、逆方向を狙うこと。ヒジを体の内側から出してインサイドアウトのスイング軌道を徹底する。そして、左手を返さずに、ボールとバットの接地時間を長くするイメージで左中間へ打つ。左手を返してしまうと、ゴロになりやすくなる。データを調べたわけでないが、私の感覚では犠牲フライのときはレフト側への打球がいちばん多かったのではないだろうか。

ヒットを狙うことだけが、バッターの役割ではない。もちろん、タイムリーヒットが出ることがチームにとっては理想だが、何度も言うように一流打者でも打って3割の世界。であれば、7割のアウトをどのように考えるか。同じアウトでもランナーを進塁させられるか否かで、試合の流れは変わっていく。

ヒットを打ちたい、ホームランを打ちたいという気持ちは、バッターなら持っていて当然のことだ。その気持ちを押し殺してのチームバッティング。私は犠牲フライを狙って打てたときには、タイムリーに勝るとも劣らない喜びを感じていた。もちろん、犠牲フライはヒットでもなければ、長打でもない。それでも、野球が点を取り合うスポーツである以上、点につながった打席は、チームに貢献できたことになる。

ちなみに私は、現役時代、69本の犠牲フライを打っているが、これは歴代通算ランキングの17位となる（1位は野村克也さんで113本）。このランキングの上位にはホームランバッターがずらりと並ぶ中、我ながらよく打ったものだと思う。

草野球選手が10メートル飛距離アップするには？

最後に、この本を読んでくれている草野球選手のために、打球の飛距離を伸ばして試合で活躍できるよう、いくつかまとめた形でアドバイスを送りたいと思う。

まずは、準備をしっかりとしてほしいということ。草野球選手の多くは、毎週のように試合をやるというよりは、月に1試合とか、その程度の参加頻度《ひんど》の方が多いのではないか。だからこそ日々の準備が大事だ。第1章でも触れたが、毎日少しずつでもいいのでトレーニングに取り組むこと。なにも、大げさに考える必要はなく、仕事が忙しい方ならちょっとしたウエイトトレーニングやランニングでも構わないし、バッティングセンターや10回程度の素振りでもいい。試合前の一夜づけではなく、毎日やり続ければ、必ず結果はついてくるはずだ。

それと、打席で心がけることは、まずセンター返しだ。たまにやる野球ほど、どうしても強引なバッティングになりがち。そうならないためにもセンター返し、それも目の前のピッチャーに打ち返すような意識を持つことで体の開きが抑えられ、軸がぶれずに強く速くスイングできるはずだ。

さらに、もう1つだけ加えるなら、頭をできるだけ動かさないこと。これに気をつけて、いつもより早めにタイミングをとってみると、反動がつけられて強い打球を遠くに飛ばすことができるだろう。5～10メートルの飛距離アップは可能になるかもしれない。

日々の準備をすること、センター返しを意識すること、頭を動かさず早めにタイミングをとること。あれこれと難しいことは考えずに、まずはこの3つだけを頭に叩き込んで、試合に臨んでみてほしい。

「立浪の本を読んだら、二塁打が打てたよ！」

こんな声を多く聞くことができたら、うれしく思う。

特別対談
後編

立浪和義 × 高橋由伸

選定！「長打バッター」ベストナイン

長打を基準に、2人が選ぶベストナイン

「ピッチャーは2ケタ本塁打の大谷しかいません」──高橋

「ようやく良くなる兆《きざ》しが見えてきた阿部慎之助」──立浪

立浪　最後は少し趣向を変えて、我々で、ポジション別の「長打力のあるバッターのベストナイン」を決める企画をやろうか？

高橋　「長打バッターのベストナイン」ですか？

立浪　そう。前回の「守備」がテーマの本での宮本慎也との対談では、そういう守備観点からのベストナインを2人で最後に選んだんだよ。

高橋　それは興味深いですね。どんなメンバーになったんですか？

立浪　ピッチャーが桑田（真澄）さん、キャッチャーが古田（敦也）さん、ファーストが清原（和博）さんで、セカンドは自分（立浪）ってことになり、サードが中村ノリ（紀洋）、ショートが宮本、レフトが飯田（哲也）さん（元ヤクルト、現福岡ソフトバンク外野守備・走塁コーチ）、センターが新庄（剛志）、ライトにイチロー。

高橋　さすがにいいメンバーですね～。守備はもちろん、バッティングも一流の人ばかり。

立浪　自分と宮本が入っているのは、２人の対談ということで許してもらった（笑）。

高橋　いや、２人とも選ばれて当然の選手ですよ。

立浪　まあ自分はともかく、宮本はそうやな。それで、今回のテーマは、この本の趣旨でもある「長打（二塁打以上）を放てるバッター」のベストナインで行こうと思うんだ。あとは、前回もそうだったけど、我々が同じ時期にプレーしたことがある選手から選ぶというのも、いちおうのルールでね。由伸、どんどん決めていってちょうだいよ。

高橋　一緒に決めましょうよ（笑）。

立浪　じゃあ、まずはピッチャーから行こうか。

高橋　北海道日本ハムの大谷（翔平）でいいんじゃないですか。というより、大谷しかいないですよ（笑）。本塁打10本に11勝4敗。普通じゃないです。

立浪　ベーブ・ルース以来の記録なんやってな。

高橋　本当にすごい選手です。あのしなやかさは、魅力的ですね。

立浪　体も大きいし、下半身に強さが出てきたら、もっと良くなるやろうね。次はキャッチャー。

高橋　長打という意味では、（阿部）慎之助じゃないですか。

立浪　14年シーズンはあまり良くなかったけどね……。

高橋　13年の途中あたりから、ですね。いいときは、足を上げてからの間《ま》があったんですけど、そこがちょっと崩れているように思います。

立浪 やっぱり、間《ま》だよな。阿部ぐらい打ちまくっていたバッターでも、間がとれなくなると、調子が落ちていく。

高橋 そう思います。

立浪 14年の後半になって、ようやく良くなる兆《きざ》しが見えてきたかな。

高橋 守備位置もファーストに変わることですし、心機一転、上がっていってくれるでしょう。

立浪 足を上げてから着地するまでの時間が遅くなってきている。悪いときは、着地のタイミングが早かったんだよね。待ててなかったというか。いろいろと試行錯誤していると思うけど、阿部を見ているとバッティングは難しいなと思うわ。

高橋 いつも打っていた選手ですからね。

立浪 そう言えば、この日のために長打に関する資料も持ってきたんだよ。ちょっと調べてみると、阿部の通算本塁打は346本。守備に気をつかうキャッチャーというポジションでこれだけ打つのはさすがやね。

高橋 すごい数字です。

立浪 しかも、30本以上打ったシーズンが5回もある。逆方向にも飛ばすし、正真正銘《しょうしんしょうめい》の長距離ヒッター。14年の成績があまり良くなかっただけに15年が注目やな。まだまだ若手

ベストナインなど様々な部門で表彰された2人。晴れの舞台で顔を合わせることも多かった(写真は2003年のゴールデングラブ賞授賞式にて。右下が著者、左上が高橋由伸選手)。

には負けられんやろ。

高橋　はい、活躍してくれるでしょう。

精鋭集うショートは、高橋由伸が推薦する選手

「低反発球も関係なかった西武の中村は典型的な長距離砲！」──立浪
×
「間近で見ていた二岡は、逆方向にホームランを打てるすごいバッター」──高橋

立浪　じゃあ次、ファーストはどう？　個人的には、ＰＬ学園高校時代から間近で見させてもらっている清原（和博）さんがやっぱり特別な存在なんだよな。ホームランも歴代5位の525本。

高橋　僕も同じチームでやらせてもらって、すごいオーラを感じました。

立浪　じゃあ、清原さんで行こう。あと、次点になっちゃうけどタイロン・ウッズの名前を挙げておきたいね。

高橋　ウッズは、長打力があるのは当然なんですけど、意外と打率も高いんですよね。

立浪　そう、技術が高い。普通に3割打つでしょう。ヘッドの走らせ方がうまいと思うよ。ヘッドを走らせて、ボールにバックスピンをかける。だから、あれだけ飛ぶんだよな。

高橋　中日に移ってから、ウチはいつも彼に打たれて負けていたイメージがあります。

立浪　確かに、ジャイアンツ戦で打っていた印象があるね！

高橋　本当によく打ってましたよ。

立浪　ウッズはあれだけの体を持っているから、パワーに目が行きがちだけど、あの技術力にも目を向けてほしいね。パワーだけでなく技術も兼ね備えた外国人は珍しいんじゃないかな。次、セカンドは横浜ベイスターズで活躍したロバート・ローズでどう？

高橋　いい選手でした！　確か、僕が入団したあたりがいちばんすごかったんですよね。

立浪　（手元の資料を見ながら）由伸は1998年がプロ1年目か。ローズは99年に37本塁打、3割6分9厘も打っている。

高橋　やっぱり、打っていた時期ですよね。

立浪　このときはすごかったな。バットが内側から出てきて、逆方向にしっかりと打てる。しかも、際どいコースは全部ファウルにするんだよな。それで、甘い球が来たら的確にミートする。しつこいバッターという印象が強い。

高橋　右バッターで3割6分9厘はすごい数字ですね。次のサードは、おかわりくんでどうですか？

立浪　埼玉西武の中村（剛也《たけや》）ね。最近の実績では、ナンバーワンやな。低反発球が導入されたときも、1人だけホームランを量産してたもんな。まさに長距離砲やね。

高橋　40本以上打っていましたよね。

立浪　そう、11年に48本塁打。低反発球でも関係なし。たいしたもんやね。14年もケガで出遅れたりしていたけど、最終的には34本塁打。ボールを追いかけないんだよね。自分が飛ばせるポイントにボールが来るのを待っていて、そこだけは確実にとらえる。典型的なホームランバッターじゃないかな。あれで、打率が3割超えたら、もっとすごいと思うけどね。

高橋　僕の印象では、ジャイアンツで一緒にプレーさせてもらった江藤（智《あきら》）さん（元広島、巨人など。現巨人二軍打撃コーチ）の打球もすごかったですね。

立浪　確かに江藤もいいバッターだったな。次点で入れておこうかな。じゃあ、次はショート。

高橋　ショートは、走攻守三拍子そろった選手が多いですけど、長打ということで言えば、パッと思いついたのが、ジャイアンツで1つ下の二岡（智宏《ともひろ》／元巨人、北海道日本ハム）ですね。

立浪　おお、意外なところ来たな！

高橋　僕は間近で見ていたこともあるんですけど、二岡はすごいバッターでしたよ。

立浪　オープンステップなのに、逆方向に飛ばせる。右の強打者特有の打ち方だよな。

高橋　そうなんです。逆方向にホームランが出るんですよ。

立浪　よし。じゃあ、ショートは二岡で行こう！

高橋　でも、立浪さんじゃなくていいんですか？　最多二塁打記録もお持ちなんですから。

立浪　気をつかわなくていいよ。まぁ、そこまで言うのなら、由伸の推薦の2人ということで行こう。自分は二岡の控えで我慢するわ（笑）。

高橋　すみません（笑）。

立浪　二岡の記録を見ると、03年には29本もホームランを打っているんだな。

高橋　ケガがなければ、もっと打てた選手だと思いますよ。

長打バッターがそろう激戦区の外野の3人は？

「50本打ったときの松井はいちばんいい打ち方をしていた」──立浪

「甲子園であれだけのホームランを打った金本さんはすごい」──高橋

立浪　次は外野手。

高橋　外野はホームランバッターがたくさんいるので、3人だけ選ぶのは難しいですよ。

でも、やはり松井秀喜さんは、外せませんかね。

立浪　松井は50本以上ホームラン打ったときあったよな。打ち方としては、あのころがいちばん良かったように思うわ。

高橋　02年ですね、50本打っています。

立浪　そうそう、メジャーリーグに行く前の年。ものすごいホームランを何本も打っていた印象があるね。間《ま》が取れていて、体重移動がしっかりとできていた。メジャーに行ってから、打ち方が変わってきたかな。

高橋　それでも、松井さんはアメリカでもホームランをけっこう打ちましたからね（メジャーで175本）。

立浪　結局、メジャーでいちばんホームラン打った日本人は松井だからね。日米あわせて507本塁打は、偉大な記録やね。

高橋　あとは、金本（知憲《ともあき》）さん（元広島、阪神）もすごく飛ばしましたよね。広い甲子園球場を本拠地にしていたタイガース時代にも、あれだけのホームランを打つのはすごいですよ。

立浪　05年には40本！

高橋　通算でもかなりの本数を打っていますよね。

2002年10月10日、第50号のホームランをレフトスタンドに運んだ松井秀喜選手。

立浪　通算で476本か。これだけホームランを打つのはすごいよな。狭かったかつての広島市民球場でやっていたときと、甲子園球場でプレーしていたときとで、あまり本数が変わっていない。

高橋　金本さんはどこの球場でやっても、すべての方向にホームランを打っていた記憶がありますね。

立浪　あとは、金本さんの体の強さね。小さなケガはたくさんあったと思うけど、試合に出続けたことがすごい。

高橋　技術はもちろんのこと、体の強さがあるから、金本さんはあそこまで飛ばせるんでしょうね。

立浪　外野のあと1人は……、由伸でいいんじゃない？

高橋　僕はいいですよ（笑）。

立浪　いや、由伸のバッティングが好きなんだよ。

高橋　そんなことで決めていいんですか？

立浪　由伸だって、14年までで316本もホームランを打ってるんやろ。ケガがなければ、当然もっと打っているはず。

高橋　そう言っていただけると……。

立浪　これだけ打っていれば、ここに名前が出る資格はじゅうぶん！

高橋　じゃあ……、お言葉に甘えさせていただきます（笑）。僕としては、秋山（幸二）さん（元西武、福岡ソフトバンク）の印象も強いです。とくにライオンズが強かったころに、強烈なホームランを打っていましたよね。

立浪　リストが強くて、飛ばしていたね。まぁでも、自分の本でもあるし、その権限で由伸で行こう（笑）。

高橋　……はい！

立浪　まだまだ老け込む年じゃないんだから、今度のシーズンも頑張ってよ！　あとは、14年みたいにケガだけはしないように。今日は忙しい中、つき合ってくれて、ありがとう。

高橋　いえ、こちらこそ、こういう形で立浪さんからバッティングの話を聞くことができて良かったです。

立浪　さっきも言ったけど、現役でやってたときに由伸の話をもっと聞いておけば良かったわ！（笑）　また球場で会うときは、よろしくな。

高橋　はい、ありがとうございました！

立浪和義・高橋由伸が選ぶ「長打バッターのベストナイン」

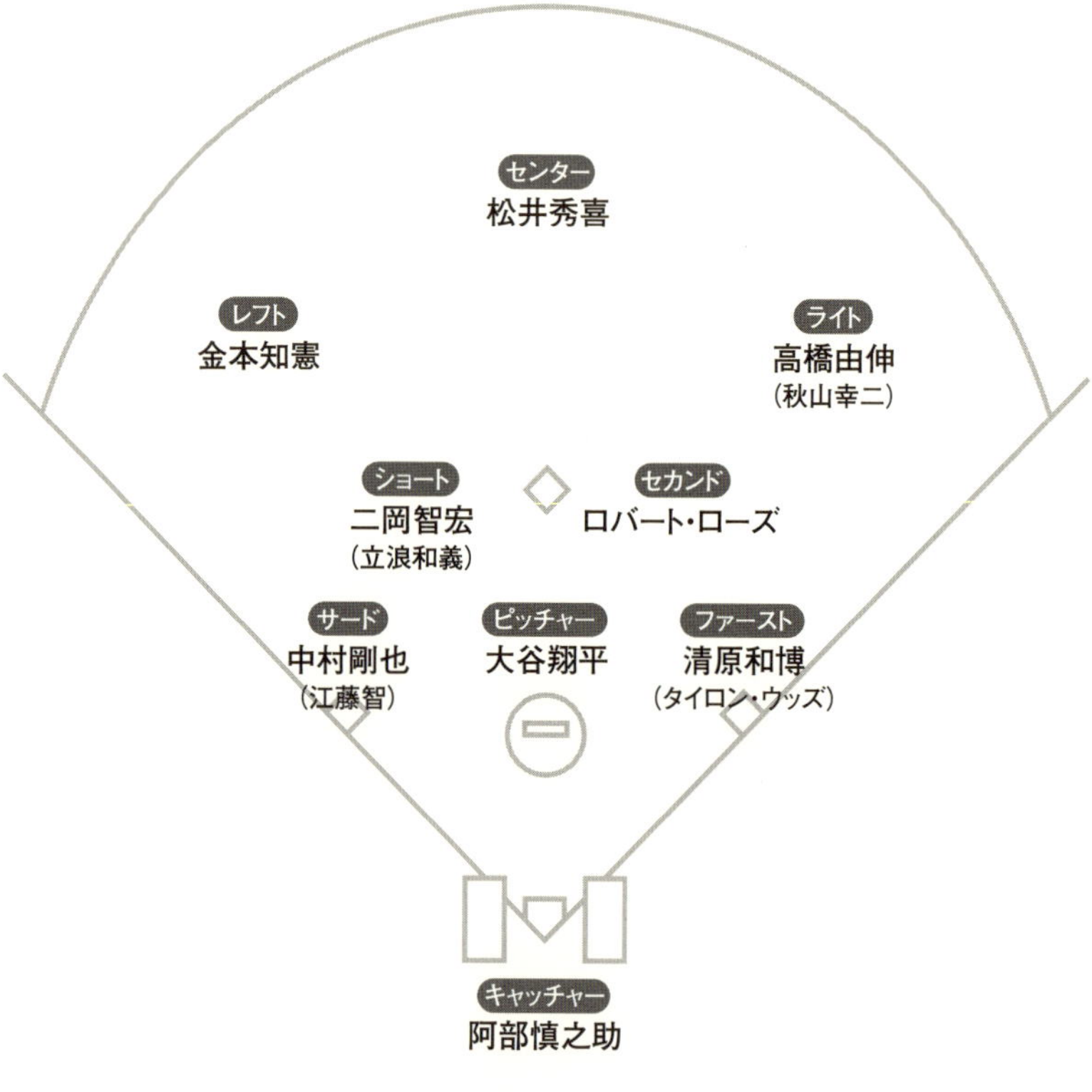

長打はもちろんアベレージも期待できる選手ばかり（外野の配置はイメージなどを考慮）。パワフルでありながら重苦しさがまったく感じられないメンバー構成だ。（　）内は次点。

おわりに

今回、「長打」について、改めて考えをまとめることができた。

読者のみなさんも気づいたことかもしれないが、打つにしても投げるにしても、やはりカギになってくるのは基本の大切さだ。このあたりをおろそかにしてしまっていては、いい結果は望めないだろう。

そして、バッティングの奥深いところは、いい状態も悪い状態もずっと続くわけではないということだ。「つかんだ!」と思えることがあっても、ちょっとしたことが原因でバッティングは崩れていき、また、ふとしたきっかけで、どん底から這《は》い上がることもできる。この調子の波を、できるだけ高い位置で安定させ、コンスタントに数字を残し続けている選手こそ、本物の一流バッターということができる。もちろんその先には、長打も多く期待できるだろう。

私は試合用の新しいバットを下ろすたびに、バットに「気」という言葉を記していた。精神を静めて、黒のマジックペンで心をこめてていねいに書く。

気持ち、負けん気、気力……。「気」は私の大好きな言葉だ。

いつからか、というのは正確には覚えていないが、ずっとレギュラーで出続けていた時期に、気持ちのどこかに慢心のようなものがあった。試合に出て当たり前、打席に入っているのが当たり前。そんな自分の心を奮い立たせる意味も込めて、「気」を書き入れるようにしたのだ。

バッターボックスに入れば、バッターはピッチャーと1対1の戦いになる。気持ちで負けてしまっていたら、バットを振る前に勝負ありだ。

バッターにとって、いちばんいやなのは、ピッチャーがしっかりと腕を振ってくること。とくに実績を挙げているピッチャーになるほど、「打てるものなら打ってみろ!」とピンチの場面で魂《たましい》を込めた1球を投げてくる。真ん中に入ってきたとしても、気持ちが乗ったボールは簡単にはとらえられないものだ。

その球をいかに自分のタイミングでミートし、強い打球を放てるか。これまでお話ししてきたように、「センター返し」「強く振る」「ボールをよく見る」という基本の3ポイントに加えて、「ステップを広くとらない」「上から内から」といった意識や技術も必要にはなるが、それを土台としたうえで、最終的には気持ちが結果を分けることもある。

ピッチャーに対して、気持ちや気力で勝っていなければ、長打は生まれないだろう。

私は気持ちが強かったほうだと思う。まわりには体の大きな選手がたくさんいたが、体格では負けても、気持ちでは負けていない自信があった。

そう考えると、長打とは心技体すべてが充実したときに生まれるものなのかもしれない。気持ちで負けていたり、技術が崩れていたり、コンディションが悪いときなどは、長打の可能性はおのずと低くなっていくだろう。

外野のあいだを真っ二つに割る二塁打や三塁打、フェンスを楽々と越えていくホームラン。球場を沸かせる長打は、鍛え抜かれた肉体と技術で、ピッチャーの渾身《こんしん》の1球を叩いた結果、生まれるもの。

その素晴らしさが、少しでも野球ファンの方に伝わっていれば幸いだ。

最後になるが、本書の制作にあたり、多くの方々のご協力をいただいた。忙しい中、対談のために時間を割《さ》いてくれた高橋由伸選手をはじめ、廣済堂出版と関係スタッフの方々、そしてここまでおつき合いいただいた読者のみなさまに感謝を申し上げたい。ありがとうございました。

2015年1月

立浪和義

巻末付録 日本プロ野球 打撃各部門 歴代通算記録ランキング

順位	二塁打	本数
1	立浪和義(中日)	487
2	福本　豊(阪急)	449
3	山内一弘(毎日・毎日大映→阪神→広島)	448
4	金本知憲(広島→阪神)	440
5	稲葉篤紀(ヤクルト→日本ハム)	429
6	王　貞治(巨人)	422
7	張本　勲(東映・日拓・日本ハム→巨人→ロッテ)	420
8	長嶋茂雄(巨人)	418
9	榎本喜八(毎日・毎日大映・東京・ロッテ→西鉄)	409
10	川上哲治(巨人)	408
11	松原　誠(大洋→巨人)	405
12	野村克也(南海→ロッテ→西武)	397
13	広瀬叔功(南海)	394
13	田中幸雄(日本ハム)	394
15	*谷繁元信(大洋・横浜→中日)	391
16	*松井稼頭央(西武→米国→楽天)	385
17	門田博光(南海→オリックス→ダイエー)	383
18	*小笠原道大(日本ハム→巨人→中日)	382
19	小久保裕紀(ダイエー→巨人→ソフトバンク)	381
20	秋山幸二(西武→ダイエー)	377
21	衣笠祥雄(広島)	373
21	石井琢朗(大洋・横浜→広島)	373
23	山本浩二(広島)	372
23	*福浦和也(ロッテ)	372
25	山崎裕之(東京・ロッテ→西武)	371
25	落合博満(ロッテ→中日→巨人→日本ハム)	371
27	古田敦也(ヤクルト)	368
28	加藤英司(阪急→広島→近鉄→巨人→南海)	367
28	*和田一浩(西武→中日)	367
30	*中村紀洋(近鉄→米国→オリックス→中日→楽天→横浜・DeNA)	363
31	小玉明利(近鉄→阪神)	358
32	駒田徳広(巨人→横浜)	357
33	藤田　平(阪神)	355
33	若松　勉(ヤクルト)	355
33	山﨑武司(中日→オリックス→楽天→中日)	355
36	*谷　佳知(オリックス→巨人→オリックス)	354
37	前田智徳(広島)	353
38	堀　幸一(ロッテ)	351
39	谷沢健一(中日)	348
40	高木守道(中日)	346
41	清原和博(西武→巨人→オリックス)	345
42	松永浩美(阪急・オリックス→阪神→ダイエー)	341
43	飯田徳治(グレートリング・南海→国鉄)	340
44	藤村富美男(阪神)	339
45	新井宏昌(南海→近鉄)	338
46	*井口資仁(ダイエー→米国→ロッテ)	335
47	初芝　清(ロッテ)	332
48	大島康徳(中日→日本ハム)	330
48	*松中信彦(ダイエー・ソフトバンク)	330
50	有藤道世(ロッテ)	328
50	ラミレス(ヤクルト→巨人→DeNA)	328

順位	安打	本数
1	張本　勲(東映・日拓・日本ハム→巨人→ロッテ)	3085
2	野村克也(南海→ロッテ→西武)	2901
3	王　貞治(巨人)	2786
4	門田博光(南海→オリックス→ダイエー)	2566
5	衣笠祥雄(広島)	2543
5	福本　豊(阪急)	2543
7	金本知憲(広島→阪神)	2539
8	立浪和義(中日)	2480
9	長嶋茂雄(巨人)	2471
10	土井正博(近鉄→太平洋・クラウン・西武)	2452
11	石井琢朗(大洋・横浜→広島)	2432
12	落合博満(ロッテ→中日→巨人→日本ハム)	2371
13	川上哲治(巨人)	2351
14	山本浩二(広島)	2339
15	榎本喜八(毎日・毎日大映・東京・ロッテ→西鉄)	2314
16	高木守道(中日)	2274
17	山内一弘(毎日・毎日大映→阪神→広島)	2271
18	大杉勝男(東映・日拓・日本ハム→ヤクルト)	2228
19	大島康徳(中日→日本ハム)	2204
20	若松　勉(ヤクルト)	2173
21	稲葉篤紀(ヤクルト→日本ハム)	2167
22	広瀬叔功(南海)	2157
22	秋山幸二(西武→ダイエー)	2157
24	宮本慎也(ヤクルト)	2133
25	清原和博(西武→巨人→オリックス)	2122
26	前田智徳(広島)	2119
27	*小笠原道大(日本ハム→巨人→中日)	2105
28	*中村紀洋(近鉄→米国→オリックス→中日→楽天→横浜・DeNA)	2101
29	古田敦也(ヤクルト)	2097
30	松原　誠(大洋→巨人)	2095
30	*谷繁元信(大洋・横浜→中日)	2095
32	山崎裕之(東京・ロッテ→西武)	2081
33	藤田　平(阪神)	2064
34	谷沢健一(中日)	2062
35	江藤慎一(中日→ロッテ→大洋→太平洋→ロッテ)	2057
35	有藤道世(ロッテ)	2057
37	加藤英司(阪急→広島→近鉄→巨人→南海)	2055
38	小久保裕紀(ダイエー→巨人→ソフトバンク)	2041
39	新井宏昌(南海→近鉄)	2038
40	野村謙二郎(広島)	2020
41	柴田　勲(巨人)	2018
42	ラミレス(ヤクルト→巨人→DeNA)	2017
43	田中幸雄(日本ハム)	2012
44	駒田徳広(巨人→横浜)	2006
45	*和田一浩(西武→中日)	1985
46	飯田徳治(グレートリング・南海→国鉄)	1978
47	毒島章一(東映)	1977
48	小玉明利(近鉄→阪神)	1963
49	*谷　佳知(オリックス→巨人→オリックス)	1923
50	*松井稼頭央(西武→米国→楽天)	1920

2014年シーズン終了現在、*=現役選手

順位	本塁打	本数
1	王　貞治（巨人）	868
2	野村克也（南海→ロッテ→西武）	657
3	門田博光（南海→オリックス→ダイエー）	567
4	山本浩二（広島）	536
5	清原和博（西武→巨人→オリックス）	525
6	落合博満（ロッテ→中日→巨人→日本ハム）	510
7	張本　勲（東映・日拓・日本ハム→巨人→ロッテ）	504
7	衣笠祥雄（広島）	504
9	大杉勝男（東映・日拓・日本ハム→ヤクルト）	486
10	金本知憲（広島→阪神）	476
11	田淵幸一（阪神→西武）	474
12	土井正博（近鉄→太平洋・クラウン・西武）	465
13	ロ　ー　ズ（近鉄→巨人→オリックス）	464
14	長嶋茂雄（巨人）	444
15	秋山幸二（西武→ダイエー）	437
16	小久保裕紀（ダイエー→巨人→ソフトバンク）	413
17	*中村紀洋（近鉄→米国→オリックス→中日→楽天→横浜・DeNA）	404
18	山﨑武司（中日→オリックス→楽天→中日）	403
19	山内一弘（毎日・毎日大映→阪神→広島）	396
20	大島康徳（中日→日本ハム）	382
20	原　辰徳（巨人）	382
22	ラミレス（ヤクルト→巨人→DeNA）	380
23	*小笠原道大（日本ハム→巨人→中日）	378
24	江藤慎一（中日→ロッテ→大洋→太平洋→ロッテ）	367
25	江藤　智（広島→巨人→西武）	364
26	カブレラ（西武→オリックス→ソフトバンク）	357
27	*松中信彦（ダイエー・ソフトバンク）	352
28	掛布雅之（阪神）	349
29	有藤道世（ロッテ）	348
30	加藤英司（阪急→広島→近鉄→巨人→南海）	347
31	*阿部慎之助（巨人）	346
32	長池徳士（阪急）	338
32	宇野　勝（中日→ロッテ）	338
34	松井秀喜（巨人→米国）	332
35	松原　誠（大洋→巨人）	331
36	*高橋由伸（巨人）	316
37	*和田一浩（西武→中日）	314
38	*村田修一（横浜→巨人）	309
39	広澤克実（ヤクルト→巨人→阪神）	306
40	池山隆寛（ヤクルト）	304
41	前田智徳（広島）	295
42	真弓明信（太平洋・クラウン→阪神）	292
43	田中幸雄（日本ハム）	287
44	木俣達彦（中日）	285
45	リ　ー　（ロッテ）	283
46	藤井康雄（阪急・オリックス）	282
47	*新井貴浩（広島→阪神→広島）	280
48	田代富雄（大洋）	278
49	ブーマー（阪急・オリックス→ダイエー）	277
49	大豊泰昭（中日→阪神→中日）	277

順位	三塁打	本数
1	福本　豊（阪急）	115
2	毒島章一（東映）	106
3	金田正泰（阪神）	103
4	川上哲治（巨人）	99
5	広瀬叔功（南海）	88
6	呉　昌征（巨人→阪神→毎日）	81
6	中　暁生（中日）	81
8	長嶋茂雄（巨人）	74
9	張本　勲（東映・日拓・日本ハム→巨人→ロッテ）	72
10	吉田義男（阪神）	70
11	飯田徳治（南海→国鉄）	67
12	大下　弘（セネタース・東急・急映・東急→大洋→西鉄）	66
12	蔭山和夫（南海）	66
12	村松有人（ダイエー→オリックス→ソフトバンク）	66
15	新井宏昌（南海→近鉄）	65
15	*川﨑宗則（ダイエー・ソフトバンク→米国）	65
17	藤村富美男（阪神）	63
17	大石大二郎（近鉄）	63
17	小坂　誠（ロッテ→巨人→楽天）	63
20	小鶴　誠（名古屋→急映→大映→松竹→広島）	62
20	柴田　勲（巨人）	62
20	*松井稼頭央（西武→米国→楽天）	62
23	白石勝巳（巨人→パシフィック→巨人→広島）	58
23	坪内道典（大東京・ライオン・朝日→ゴールドスター・金星→中日）	58
23	川合幸三（阪急）	58
26	髙橋慶彦（広島→ロッテ→阪神）	57
27	古川清蔵（名古屋・中部日本→阪急）	55
27	田宮謙次郎（大阪→毎日大映）	55
27	高木守道（中日）	55
27	松永浩美（阪急・オリックス→阪神→ダイエー）	55
31	堀井数男（南海・近畿日本・グレートリング・南海）	54
31	山内一弘（毎日・毎日大映→阪神→広島）	54
33	木塚忠助（南海→近鉄）	53
34	藤井 勇（大阪・阪神→パシフィック・太陽・大陽→大洋・大洋松竹・洋松・大洋）	52
34	千葉　茂（巨人）	52
34	土井垣武（大阪・阪神→毎日→東映→阪急）	52
34	バルボン（阪急→近鉄）	52
38	戸倉勝城（毎日→阪急）	51
38	山崎裕之（東京・ロッテ→西武）	51
40	藤田　平（阪神）	50
40	石井琢朗（大洋・横浜→広島）	50
42	坂本文次郎（大映→大毎）	49
42	島田　誠（日本ハム→ダイエー）	49
42	稲葉篤紀（ヤクルト→日本ハム）	49
45	安居玉一（阪神・大阪→大洋→国鉄→近鉄→大映）	48
46	平井三郎（阪急→西日本→巨人）	47
46	関口清治（巨人→西日本→西鉄→阪急）	47
46	玉造陽二（西鉄）	47
46	豊田泰光（西鉄→国鉄・サンケイ・アトムズ）	47
46	榎本喜八（毎日・毎日大映・東京・ロッテ→西鉄）	47
46	野村謙二郎（広島）	47

順位	打点	打点数
1	王　貞治(巨人)	2170
2	野村克也(南海→ロッテ→西武)	1988
3	門田博光(南海→オリックス→ダイエー)	1678
4	張本　勲(東映・日拓・日本ハム→巨人→ロッテ)	1676
5	落合博満(ロッテ→中日→巨人→日本ハム)	1564
6	清原和博(西武→巨人→オリックス)	1530
7	長嶋茂雄(巨人)	1522
8	金本知憲(広島→阪神)	1521
9	大杉勝男(東映・日拓・日本ハム→ヤクルト)	1507
10	山本浩二(広島)	1475
11	衣笠祥雄(広島)	1448
12	土井正博(近鉄→太平洋・クラウン・西武)	1400
13	*中村紀洋(近鉄→米国→オリックス→中日→楽天→横浜・DeNA)	1348
14	川上哲治(巨人)	1319
15	秋山幸二(西武→ダイエー)	1312
16	小久保裕紀(ダイエー→巨人→ソフトバンク)	1304
17	山内一弘(毎日・毎日大映→阪神→広島)	1286
18	ラミレス(ヤクルト→巨人→DeNA)	1272
19	ロ　ー　ズ(近鉄→巨人→オリックス)	1269
20	加藤英司(阪急→広島→近鉄→巨人→南海)	1268
21	大島康徳(中日→日本ハム)	1234
22	山﨑武司(中日→オリックス→楽天→中日)	1205
23	江藤慎一(中日→ロッテ→大洋→太平洋→ロッテ)	1189
24	松原　誠(大洋→巨人)	1180
25	*松中信彦(ダイエー・ソフトバンク)	1167
26	*小笠原道大(日本ハム→巨人→中日)	1161
27	田淵幸一(阪神→西武)	1135
28	藤村富美男(阪神)	1126
29	前田智徳(広島)	1112
30	原　辰徳(巨人)	1093
31	*新井貴浩(広島→阪神→広島)	1073
32	有藤道世(ロッテ)	1061
33	*和田一浩(西武→中日)	1055
34	稲葉篤紀(ヤクルト→日本ハム)	1050
35	立浪和義(中日)	1037
35	*阿部慎之助(巨人)	1037
37	*谷繁元信(大洋・横浜→中日)	1036
38	青田　昇(巨人→阪急→巨人→大洋松竹・洋松・大洋→阪急)	1034
39	田中幸雄(日本ハム)	1026
40	江藤　智(広島→巨人→西武)	1020
41	掛布雅之(阪神)	1019
42	古田敦也(ヤクルト)	1009
43	山﨑裕之(東京・ロッテ→西武)	985
43	広澤克実(ヤクルト→巨人→阪神)	985
45	榎本喜八(毎日・毎日大映・東京・ロッテ→西鉄)	979
46	飯田徳治(グレートリング・南海→国鉄)	969
46	長池徳士(阪急)	969
46	谷沢健一(中日)	969
49	*高橋由伸(巨人)	965
50	駒田徳広(巨人→横浜)	953

順位	塁打・単打×1+二塁打×2+三塁打×3+本塁打×4	塁打数
1	王　貞治(巨人)	5862
2	野村克也(南海→ロッテ→西武)	5315
3	張本　勲(東映・日拓・日本ハム→巨人→ロッテ)	5161
4	門田博光(南海→オリックス→ダイエー)	4688
5	金本知憲(広島→阪神)	4481
6	衣笠祥雄(広島)	4474
7	長嶋茂雄(巨人)	4369
8	山本浩二(広島)	4361
9	落合博満(ロッテ→中日→巨人→日本ハム)	4302
10	土井正博(近鉄→太平洋・クラウン・西武)	4178
11	清原和博(西武→巨人→オリックス)	4066
12	大杉勝男(東映・日拓・日本ハム→ヤクルト)	4030
13	山内一弘(毎日・毎日大映→阪神→広島)	4015
14	秋山幸二(西武→ダイエー)	3927
15	福本　豊(阪急)	3846
16	大島康徳(中日→日本ハム)	3716
17	小久保裕紀(ダイエー→巨人→ソフトバンク)	3709
18	*中村紀洋(近鉄→米国→オリックス→中日→楽天→横浜・DeNA)	3702
19	*小笠原道大(日本ハム→巨人→中日)	3669
20	立浪和義(中日)	3556
21	榎本喜八(毎日・毎日大映・東京・ロッテ→西鉄)	3555
22	加藤英司(阪急→広島→近鉄→巨人→南海)	3537
23	松原　誠(大洋→巨人)	3523
24	有藤道世(ロッテ)	3521
25	ロ　ー　ズ(近鉄→巨人→オリックス)	3509
25	ラミレス(ヤクルト→巨人→DeNA)	3509
27	川上哲治(巨人)	3500
28	稲葉篤紀(ヤクルト→日本ハム)	3477
29	江藤慎一(中日→ロッテ→大洋→太平洋→ロッテ)	3462
30	高木守道(中日)	3438
31	山﨑武司(中日→オリックス→楽天→中日)	3426
32	前田智徳(広島)	3391
33	*和田一浩(西武→中日)	3368
34	山﨑裕之(東京・ロッテ→西武)	3364
35	田中幸雄(日本ハム)	3333
36	谷沢健一(中日)	3279
37	若松　勉(ヤクルト)	3274
38	石井琢朗(大洋・横浜→広島)	3211
39	*谷繁元信(大洋・横浜→中日)	3210
40	*松中信彦(ダイエー・ソフトバンク)	3182
41	古田敦也(ヤクルト)	3154
42	田淵幸一(阪神→西武)	3145
43	原　辰徳(巨人)	3144
44	藤田　平(阪神)	3140
45	広瀬叔功(南海)	3120
46	真弓明信(太平洋・クラウン→阪神)	3090
47	*阿部慎之助(巨人)	3087
48	*新井貴浩(広島→阪神→広島)	3053
49	柴田　勲(巨人)	3029
50	木俣達彦(中日)	3022

2014年シーズン終了現在、*=現役選手

順位	長打率(4000打数以上)*塁打÷打数	率
1	王　貞治(巨人)	.634
2	カブレラ(西武→オリックス→ソフトバンク)	.592
3	松井秀喜(巨人→米国)	.582
4	落合博満(ロッテ→中日→巨人→日本ハム)	.564
5	ロ ー ズ(近鉄→巨人→オリックス)	.559
6	ブーマー(阪急・オリックス→ダイエー)	.555
7	中西　太(西鉄)	.553
8	リ ー (ロッテ)	.5419
9	山本浩二(広島)	.5416
10	*小笠原道大(日本ハム→巨人→中日)	.541
11	長嶋茂雄(巨人)	.540
12	*松中信彦(ダイエー・ソフトバンク)	.5348
13	田淵幸一(阪神→西武)	.5347
14	張本　勲(東映・日拓・日本ハム→巨人→ロッテ)	.5339
15	長池徳士(阪急)	.5338
16	掛布雅之(阪神)	.531
17	レ オ ン(ロッテ→大洋→ヤクルト)	.530
18	門田博光(南海→オリックス→ダイエー)	.529
19	ラミレス(ヤクルト→巨人→DeNA)	.5231
20	原　辰徳(巨人)	.5229
21	大豊泰昭(中日→阪神→中日)	.5213
22	山内一弘(毎日・毎日大映→阪神→広島)	.5212
23	清原和博(西武→巨人→オリックス)	.5203
24	*福留孝介(中日→米国→阪神)	.5201
25	大杉勝男(東映・日拓・日本ハム→ヤクルト)	.519
26	*和田一浩(西武→中日)	.514
27	*阿部慎之助(巨人)	.5123
28	加藤英司(阪急→広島→近鉄→巨人→南海)	.5115
29	城島健司(ダイエー・ソフトバンク→米国→阪神)	.5082
30	野村克也(南海→ロッテ→西武)	.5075
31	*高橋由伸(巨人)	.5044
32	江藤　智(広島→巨人→西武)	.5036
33	金本知憲(広島→阪神)	.503
34	藤村富美男(阪神)	.501
35	小久保裕紀(ダイエー→巨人→ソフトバンク)	.496
36	岩村明憲(ヤクルト→米国→楽天→ヤクルト)	.494
37	秋山幸二(西武→ダイエー)	.491
38	大下　弘(セネタース・東急・急映・東急→西鉄)	.490
39	マルカーノ(阪急→ヤクルト)	.4884
40	藤井康雄(阪急・オリックス)	.4875
41	田代富雄(大洋)	.4872
42	*村田修一(横浜→巨人)	.486
43	前田智徳(広島)	.4838
44	江藤慎一(中日→ロッテ→大洋→太平洋→ロッテ)	.4837
45	有藤道世(ロッテ)	.482
46	谷沢健一(中日)	.48093
47	若松　勉(ヤクルト)	.48090
48	土井正博(近鉄→太平洋・クラウン・西武)	.4805
49	山﨑武司(中日→オリックス→楽天→中日)	.4792
50	杉浦　享(ヤクルト)	.4790

順位	打率(4000打数以上)	率
1	リ ー (ロッテ)	.320
2	若松　勉(ヤクルト)	.31918
3	張本　勲(東映・日拓・日本ハム→巨人→ロッテ)	.31915
4	ブーマー(阪急・オリックス→ダイエー)	.317
5	*内川聖一(横浜→ソフトバンク)	.314
6	川上哲治(巨人)	.313
7	与那嶺　要(巨人→中日)	.3110
8	落合博満(ロッテ→中日→巨人→日本ハム)	.3108
9	*小笠原道大(日本ハム→巨人→中日)	.3106
10	レ オ ン(ロッテ→大洋→ヤクルト)	.308
11	中西　太(西鉄)	.307
12	長嶋茂雄(巨人)	.305
13	篠塚和典(巨人)	.3043
14	松井秀喜(巨人→米国)	.3040
15	鈴木尚典(大洋・横浜)	.3034
16	カブレラ(西武→オリックス→ソフトバンク)	.3033
17	*和田一浩(西武→中日)	.3031
18	大下　弘(セネタース・東急・急映・東急→西鉄)	.3030
19	*中島裕之(西武→米国→オリックス)	.30249
20	谷沢健一(中日)	.30243
21	前田智徳(広島)	.3023
22	王　貞治(巨人)	.3011
23	ラミレス(ヤクルト→巨人→DeNA)	.3006
24	藤村富美男(阪神)	.300
25	榎本喜八(毎日・毎日大映・東京・ロッテ→西鉄)	.298
26	*谷　佳知(オリックス→巨人→オリックス)	.2974
27	加藤英司(阪急→広島→近鉄→巨人→南海)	.2972
28	田宮謙次郎(大阪→毎日大映)	.296858
29	*松中信彦(ダイエー・ソフトバンク)	.296856
30	高木　豊(大洋・横浜→日本ハム)	.29678
31	*松井稼頭央(西武→米国→楽天)	.29675
32	*福留孝介(中日→米国→阪神)	.2961
33	城島健司(ダイエー・ソフトバンク→米国→阪神)	.2956
34	山内一弘(毎日→毎日大映→阪神→広島)	.2948
35	赤星憲広(阪神)	.2946
36	*川﨑宗則(ダイエー・ソフトバンク→米国)	.29368
37	古田敦也(ヤクルト)	.29365
38	松永浩美(阪急・オリックス→阪神→ダイエー)	.293
39	*栗山　巧(西武)	.2922
40	掛布雅之(阪神)	.2919
41	和田　豊(阪神)	.2911
42	*高橋由伸(巨人)	.2910
43	福本　豊(阪急)	.2907
43	新井宏昌(南海→近鉄)	.2906
44	山本浩二(広島)	.2904
45	中畑　清(巨人)	.2902
46	門田博光(南海→オリックス→ダイエー)	.2893
47	駒田徳広(巨人→横浜)	.2890
48	清水隆行(巨人→西武)	.2889
49	*福浦和也(ロッテ)	.2884
50	田尾安志(中日→西武→阪神)	.2881

[著者プロフィール]

立浪和義　Kazuyoshi Tatsunami

1969年8月19日生まれ、大阪府摂津《せっつ》市出身。PL学園高校－中日ドラゴンズ(88〜2009年)。小学4年生から「茨木ナニワボーイズ」で野球を始める。87年、PL学園の主将として甲子園春夏連覇を果たす。同年オフのドラフトで中日に1位で指名され、入団。背番号3。88年、開幕戦から2番ショートでフルイニング出場。華々しいデビューを飾る。その年のチームのリーグ優勝に貢献し、新人王(高卒1年目の受賞はセ・リーグの野手初)とゴールデングラブ賞(高卒新人としては初)を受賞。以降も、セカンドでの連続無失策712回というセ・リーグ記録(当時)を樹立するなど、巧打や好守で活躍。中心選手としてチームを引っ張り、中日選手会長、日本プロ野球選手会理事長、労働組合日本プロ野球選手会副会長なども務める。03年7月5日対巨人戦(東京ドーム)で通算2000本安打を達成。07年オフより打撃コーチを兼任したのち、09年に惜しまれつつ引退。通算成績は、2586試合出場、打率.285、2480安打、171本塁打、1037打点。487二塁打は、現在も日本プロ野球記録として残っている。ベストナイン2回(96、04年)、ゴールデングラブ賞5回(88年ショート、95〜97年セカンド、03年サード。3ポジションでの受賞は史上最多)。引退後は解説者の道に進み、様々なメディアで活躍。さわやかな語り口と理論的な分析で、好評を得ている。13年、第3回WBC(ワールド・ベースボール・クラシック)日本代表に、打撃コーチとして参加。著書に『攻撃的守備の極意 ポジション別の鉄則&打撃にも生きるヒント』(廣済堂出版刊)などがある。

[対談パートナー プロフィール]

高橋由伸　Yoshinobu Takahashi

1975年4月3日生まれ、千葉県千葉市出身。桐蔭《とういん》学園高校－慶應《けいおう》義塾《ぎじゅく》大学－巨人(98年〜)。97年オフ、逆指名制度により、巨人にドラフト1位で入団。背番号24。入団1年目の開幕戦から先発出場し、その試合でプロ初安打を記録すると、史上7人目の「プロ1年目で規定打席に到達のうえ、打率3割(.300)」を記録するなど、一気にスター選手の仲間入りをした。以降もベストナイン2回(99、2007年)、ゴールデングラブ賞7回(98〜03年、07年。入団から6年連続受賞は日本記録)のほか、11打数連続安打(03年、日本タイ記録)、14打席連続出塁(03年、当時の日本タイ記録)、年間初回先頭打者ホームラン9本(07年、日本記録)など、抜群の打撃技術を持つスラッガーとして、チームに貢献している。15年からは、選手と兼任して一軍打撃コーチにも就任。

MASTERS METHOD

長打力を高める極意

強く飛ばすプロの技術&投手・球種別の攻略法

2015年２月15日　第１版第１刷

著者	立浪和義
協力	株式会社 T-WAVE
対談協力	高橋由伸 株式会社 読売巨人軍
企画・プロデュース	寺崎敦(株式会社 no.1)
構成	大利実
撮影	石川耕三(私服・対談写真)
写真協力	産経新聞社(ユニフォーム写真) スポーツニッポン新聞社(P141、P221)
装丁・本文デザイン	有限会社 デザインコンプレックス
DTP	株式会社 三協美術
編集協力	長岡伸治(株式会社 プリンシパル)　浅野博久(株式会社 ギグ) 根本明　松本恵
編集	岩崎隆宏(廣済堂出版)
発行者	清田順稔
発行所	株式会社 廣済堂出版 〒104-0061 東京都中央区銀座3-7-6 電 話　編集 03-6703-0964／販売 03-6703-0962 FAX　販売 03-6703-0963 振 替　00180-0-164137 URL　http://www.kosaido-pub.co.jp
印刷所・製本所	株式会社 廣済堂

ISBN978-4-331-51911-0　C0075